미국 주식 투자

2030~40년에도 성장이 멈추지 않는다

오카모토 헤이하치로 지음
김소영 옮김

미국 주식 우위에는 여전히 변함이 없고
장기적으로 상승세 이어갈 것으로 예상

가장 총명한 인재들이 모여드는 나라, USA

NEVER BET AGAINST AMERICA

지상사 Jisangsa

HONTOUNI SHISAN WO FUYASU BEIKOKUKABUTOUSHI
© HEIHACHIRO OKAMOTO 2024
Originally published in Japan in 2024 by BUSINESS‐SHA CO., LTD.TOKYO.
Korean Characters translation rights arranged with BUSINESS‐SHA CO., LTD.TOKYO,
through TOHAN CORPORATION, TOKYO and EntersKorea Co., Ltd., SEOUL.

이 책의 한국어판 저작권은 (주)엔터스코리아를 통해 저작권자와 독점 계약한 지상사에 있습니다.
저작권법에 의하여 한국 내에서 보호를 받는 저작물이므로 무단전재와 무단복제를 금합니다.

머리말

안녕하세요. 오카모토 헤이하치로입니다. 전작 《자산 늘리는 미국 주식 투자 입문》을 세상에 선보인 지 어느덧 4년이 흘렀습니다. 그 후로 정말 많은 일이 있었습니다.

전작의 발행일을 보니 2020년 12월 15일이더군요. 그렇습니다. 전 세계가 코로나로 한창 뒤숭숭하던 바로 그 시기였습니다. 미국의 캘리포니아와 뉴욕, 중국, 영국, 유럽 각국, 말레이시아, 북한, 인도에서는 출입을 금지하는 도시 봉쇄(록다운)를 단행하기도 했습니다. 각국의 긴급 사태가 선포되는 등, 정도의 차이는 있었지만, 나라마다 각자 조치를 취해 사람들의 움직임이 크게 제한되었지요.

사람들의 움직임이 제한되면, 당연히 경제 활동도 위축됩니다. 그렇다고 언제까지나 '세월아 네월아'하며 행동을 계속해서 막아 둘 수는 없는 노릇이지요. 감염자 수는 세계적으로 늘어갔지만, 2022년쯤부터 서서히 행동 제한을 완화하고 경제 활동을 정상화하자는 흐름이 나타나기 시작했습니다. 정상화를 향한 이런 움직임은 서양에서 먼저 시작되었고, 우리나라도 뒤따랐습니다. 결국 2023년 5월, 신종 코로나 바이러스의 분류를 계절성 독감과 같은 종류로 낮추면서 행동 제한을 점차 해제했습니다.

하지만 경제 정상화가 긍정적인 면만 불러온 것은 아닙니다. 행동 제한이 걸려 있는 동안 반도체를 비롯해 각종 제품을 생산하는 데 필요한 원재료를 만들기가 힘들어진 바람에 세계 공급망이 혼란에 빠져 물자 부족 사태가 일어났습니다. 또한 행동을 제한하던 중에 정리 해고가 불가피하게 되자 노동 인구가 크게 줄면서, 수요에 비해 공급이 따라가지 못하게 되었습니다. 그 결과 전 세계적으로 물가가 상승하는 상황이 발생했지요. 여기에 2022년 2월에 시작된 러시아의 우크라이나 침공도 물가 상승에 한몫을 하게 됐습니다.

물가 상승은 곧 금리 인상으로 이어집니다.

예를 들어 미국의 소비자물가지수(CPI) 상승률(전년 동월 대비)을 보면, 보통은 1%대 후반부터 2% 정도에 머물렀습니다. 그런데 2021년 4월부터 서서히 상승 압력이 강해지더니, 2022년 6월에는 무려 9%까지 치솟았습니다. 물가가 이렇게 급등하자 금리도 빠르게 오르기 시작했습니다. 미국의 정책 금리인 FF 금리는 2022년 3월 0.33%에서 시작해, 불과 1년 5개월 동안 무려 10회나 인상이 단행되었습니다. 그 결과, 2023년 8월에는 5.33%에 이르렀지요.

나아가 일부에서는 금융 불안까지 커졌습니다. 규모가 2008년 리먼 브라더스 사태만큼은 아니었지만, 2023년 3월에는 미국 실리콘밸리은행(SVB)과 스위스의 크레디스위스가 경영 파산에 직면했습니다. 실리콘밸리은행의 파산은 금리 급등으로 보유 채권 가치가 급락한 데다, 예금 인출이 급증하면서 자금 조달이 막힌 것이 직접적인 원인이었습니다. 이어 경영난을 겪고 있던 크레디스위스도 자금 조달에 어려움을 겪으며 불안감이 심해졌고, 결국 스위스 UBS에 구제 합병되었습니다.

신종 코로나 바이러스의 세계적 확산과 그에 따른 경제 활동의 정체, 우크라이나 분쟁에서 드러난 지정학 리스크의 고조, 그리고 인플레이션의 가속입니다. 여기에 금융 불안까지 겹쳤습니다. 그야말로 주가에 부정적인 요인들뿐이었지요.

이런 상황에서 미국 주식시장은 어떻게 움직였을까요? 이제 S&P500 지수를 함께 살펴보겠습니다.

S&P500 지수는 2020년 12월 말 3,756.07포인트에서, 2024년 9월 30일에는 5,762.48포인트가 되었습니다. 이 3년 9개월이라는 기간 동안 53.4% 상승한 셈입니다. 배당금을 재투자한 토털리턴 기준으로 보면 상승률은 62.4%에 이릅니다.

참고로 이 수치는 미국 달러 기준의 S&P500 지수입니다. 이것을 엔화 기준으로 환산하면 이야기가 달라집니다. 현재까지 진행된 엔저로 인해 환율 차익이 더해져, 토털리턴은 무려 125%에 육박합니다.

이 현상을 버블의 마지막 국면으로 봐야 할지, 아니면 거대한 메가 트렌드가 진행되고 있다고 봐야 할지에 대해서는 의견이 엇갈리는 부분입니다. 이에 대한 판단은 제1장에서 제가 세계적인 투자자들과 인터뷰한 내용을 참고하면 도움이 될 것입니다. 결론부터 말하자면, 미국 주식의 우위에는 여전히 변함이 없고, 앞으로도 장기적으로 상승세를 이어갈 것으로 예상됩니다.

'지금의 미국 주식시장은 매그니피센트 세븐 종목이 이끌어 가는 테크 버블' 혹은 '엔비디아로 대표되는 AI 버블'이라는 의견도 있습니다.

비슷한 상황이 과거에도 있었습니다. 2000년 4월, 미국에서는 이른바 닷컴 버블이 붕괴되었습니다. 일본에서는 'IT 버블'이라고 불렀지만, 미국에서는 일반적으로 '닷컴 버블'이라 표현했지요.

당시는 인터넷 여명기였습니다. 회사 이름에 '○○닷컴'만 붙이면, 수상하고 근거 없는 비즈니스 모델이라도 거액의 자금을 쉽게 조달할 수 있었습니다. 이 시기에 특히 인터넷 관련 기업들이 대거 상장했던 나스닥(NASDAQ)에서는, 나스닥 종합 지수가 가파르게 상승했습니다. 1996년에는 약 1,000포인트 수준이던 나스닥 종합 지수는 1998년 9월에 1,500포인트에 도달했고, 1999년 1월에는 2,000포인트를 돌파했습니다. 상승세는 멈추지 않았고, 닷컴 버블이 붕괴되기 직전인 2000년 3월 10일에는 무려 5,048포인트까지 치솟았습니다.

닷컴 버블이 붕괴한 뒤, 2001년 9월 11일 미국에서 발생한 동시다발 테러까지 겹치면서 나스닥 종합 지수는 큰 타격을 받았습니다. 결국 2004년 9월 30일에는 999포인트까지 하락하고 말았지요. 참고로 나스닥 종합 지수가 2000년 3월 10일의 고점을 다시 회복하는 데는 무려 15년이라는 세월이 필요했습니다. 그만큼 닷컴 버블의 후유증은 심각했습니다.

'매그니피센트 세븐'이란, 잘 아시다시피 구글(알파벳), 애플, 페이스북(메타 플랫폼스), 아마존, 마이크로소프트로 구성된 GAFAM 5사에 엔비디아와 테슬라까지 더한 일곱 종목을 말합니다. 애초부터 세계 시장에 막강한 영향력을 행사해 온 글로벌 IT 기업들이지요. 2022년 11월, 오픈 AI의 ChatGPT가 공개되면서 엔비디아를 중심으로 한 AI(인공지능) 관련 종목이 급등했습니다. 그 결과 매그니피센트 세븐의 주가는 크게 상승했고, S&P500의 시가총액 비중이 30%를 넘게 되었습니다. 이런 흐름 때문에 1998년부터 2000년에 걸쳐 IT 버블을 이끌었던 닷컴 기업들과 비교하며 'AI 버블'이라고 보는 시각도 있습니다. 하지만 저는 그렇게 보지 않습니다.

앞에서 말했듯이, 1998년부터 2000년 전후에 성행했던 닷컴 버블에서 주목받았던 기업들은, 앞날을 전혀 예측할 수 없는 곳들이 많았습니다. 예를 들어 온라인 애완용품 판매사 Pets.com, 온라인 장난감 판매사 eToys.com, 패션 관련 e커머스 사이트 Boo.com, 비디오나 책, 식품을 1시간 이내에 배송하는 서비스를 제공했던 Kozmo.com, 온라인 원예용품 판매사 Garden.com 등입니다. 하지만 이들 기업은 대부분 기존의 오프라인 점포 판매를 단순히 인터넷으로 옮겨 놓은 수준이었고, 혁신적인 비즈니스 모델이라고 보기는 어려웠습니다. 이런 기업들이 잇따라 등장했다가 줄줄이 파산으로 이어졌지요. 그야말로 전형적인 버블입니다.

그렇다면 지금의 매그니피센트 세븐은 어떨까요?

주식시장에서 큰 화제가 된 엔비디아는 주가가 크게 오른 종목이지만, 앞으로의 실적도 큰 폭의 성장이 예상됩니다. 예를 들어 PER(주가수익비율)로 보더라도, 2024년 들어 주가가 거의 3배 가까이 올랐기 때문에 결코 싼 가격이라고는 할 수 없습니다. 그렇다고 현시점에서 지나치게 비싸다는 인상도 없습니다. 참고로 과거

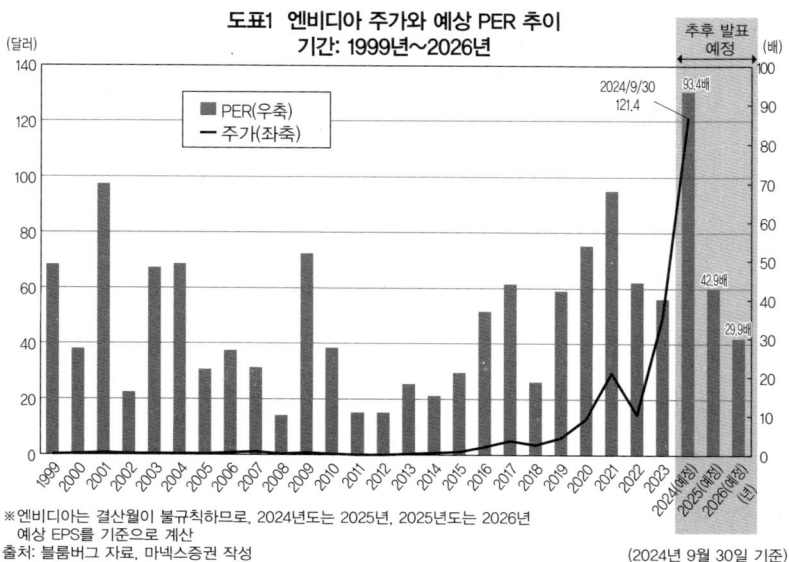

도표1 엔비디아 주가와 예상 PER 추이
기간: 1999년~2026년

※엔비디아는 결산월이 불규칙하므로, 2024년도는 2025년, 2025년도는 2026년 예상 EPS를 기준으로 계산
출처: 블룸버그 자료, 마넥스증권 작성

(2024년 9월 30일 기준)

엔비디아의 PER을 보면, 2021년에 무려 68배까지 치솟았습니다. 이는 2021년 한 해 동안 엔비디아의 주가가 125% 급등했기 때문입니다.

하지만 2025년의 예상 EPS를 기준으로 PER을 계산하면 약 42.9배 수준까지 내려갑니다. 2026 실적 전망을 반영하면 무려 29.9배까지 낮아집니다(2024년 10월 11일 기준). 이는 주가가 현재 수준을 유지하면서도, 실적이 앞으로 착실히 성장할 것이라는 전제를 반영한 수치이긴 합니다. 이 전제를 고려하면, 엔비디아의 성장 가능성은 여전히 높아서, 주가가 버블이라고 보기에는 다소 거리가 있다고 할 수 있습니다.

게다가 생성형 AI가 앞으로 점점 보급되는 과정에서 엔비디아의 GPU(그래픽처리장치)는 반드시 필요한 제품입니다. 데이터센터는 물론이고, 공장이나 로봇 등 다양한 분야에서도 이 회사의 GPU가 쓰일 수밖에 없지요. 그렇게 되면, 현재 예상 EPS보다 실적이 더 성장할 가능성도 있는 것입니다.

개인적인 이야기라 죄송하지만, 저는 현재 '스타링크'라는 위성 인터넷 서비스를 이용하고 있습니다. 일론 머스크 씨의 스페이스X가 제공하는 서비스이지요. 이 서비스는 지상의 통신회선을 사용하지 않고, 자택에 설치한 소형 파라볼라 안테나와 6,000기 이상의 스타링크 저궤도 위성이 데이터를 주고받아 다른 사람과 통신할 수 있는 구조를 사용합니다.

우크라이나와 러시아 간 분쟁 당시, 러시아는 우크라이나의 인터넷 회선을 파괴했습니다. 하지만 우크라이나군은 스타링크를 사용하고 있었기에 핵심 인프라를 유지하며 유리한 위치를 점할 수 있었습니다.

저 역시 스타링크를 사용하고 있으며, 매달 6,600엔씩 요금을 지불하고 있습니다. ChatGPT에도 매달 2,900엔을 지출하고 있지요. 애플 제품은 또 어떻습니까? 한번 아이폰을 쓰기 시작하면, 아이패드, 맥북, 애플워치, 에어팟, 홈팟까지 연동해서 쓸 수 있는 애플 제품들을 다양하게 갖고 싶어지니 그야말로 개미지옥입니다.

다시 말해 지금의 GAFAM은 이미 거대한 시장을 구축하여 탄탄하게 매출을 올리고 있습니다. 어디서 떨어졌는지 알 수 없는 닷컴 기업과 달리, 확실한 부가가치를 창출해 세상에 제공하고 있는 것이지요. 이런 점에서 닷컴 버블 때와 현재를 비교하면, 환경이 완전히 다르다고 할 수 있습니다.

이런 상황 속에서 우리는 미국에 투자해야 할까요? 만약 투자한다면, 어떤 기업에 투자할까요? 이제부터 그 해답을 함께 생각해보고자 합니다.

이 이야기는 제1장에서 자세히 다루려고 하는데, 사실 미국의 저명한 투자자들 사이에서도 장기적으로 미국 경제를 낙관하는 이들이 적지 않습니다.

그 유명한 워런 버핏은 이렇게 말했습니다.

"내 자산의 90%를 가족에게 남기겠다. S&P500에 연동된 저비용 ETF로 운용하기 때문에 가능한 일이다."

그는 미국의 미래에 대한 확신이 있었기에 이렇게 호언장담할 수 있었던 것입니다.

한편, 미국 경제와 주식 전망을 부정적으로 바라보는 경제학자나 전문가들이 있는 것도 사실입니다. 예를 들어, 한때 조지 소로스의 오른팔로 활약했던 짐 로저스는 미국 경제를 매우 비판적인 시각으로 바라보고 있습니다. 그는 꽤 오래전부터 미국 경제 전망에 대해 부정적인 입장을 고수해 왔습니다. 그러나 서두에도 언급했듯, 그의 예상이 완전히 빗나갔다는 사실은 최근 몇 년간 미국 주가의 꾸준한 상승세만 봐도 알 수 있습니다.

여기에 또 한 사람이 있습니다. 바로 '여성 워런 버핏'이라 불리는 아크 인베스트먼트의 캐시 우드입니다. 그녀가 주목하는 다섯 가지 테마는 앞으로 세상을 바꾸어 나갈, 아니 이미 바꾸고 있는 것들로 꼽힙니다. 그 다섯 가지는 바로 게놈 해석, 로보틱스, 에너지 저장, 인공지능, 블록체인입니다.

이들 테마는 모두 파괴적인 혁신이 따라야만 성장할 수 있는 것들입니다. 지금은 이 테마와 관련된 기업들의 시가총액이 전 세계적으로 약 8조 달러일 것으로 추산되지만, 앞으로 10년 후에는 200조 달러 규모까지 성장할 것으로 예측되기도 합니다. 그 과정에서 과연 어떤 일이 일어날까요? 상상만 해도 가슴이 뜁니다. 우리의 삶은 180도 달라질 것입니다. 그리고 그 변화는 경제적으로도 매우 긍정적인 파급 효과를 불러올 것입니다.

자율주행을 예로 들어 보겠습니다. 이미 미국 샌프란시스코 등 일부 도시에서는 자율주행 택시가 도로를 실제로 달리고 있습니다. 그렇다면 완전 자율주행은 경제적으로 어느 정도의 효과를 가져다줄까요?

미국에서는 매년 약 4만 명이 자동차 교통사고로 목숨을 잃습니다. 이로 인한 손실을 금액으로 환산하면 약 2,300억 달러에 달합니다. 이를 1달러=140엔으로 계산하면 무려 32조 2,000억 엔에 이르는 어마어마한 숫자가 나옵니다. 이처럼 매년 발생하는 막대한 손실을 자율주행의 보급으로 줄일 수 있다면, 순수히 미국 경제에 가져올 효과는 매우 긍정적일 것입니다.

자율주행은 어디까지나 하나의 예에 불과합니다. 여기에 로봇 기술까지 포함해서 생산성이 높아질수록, 미국 경제는 더 큰 부를 창출하게 될 것입니다. 물론 단기적으로 보면 경기와 주가가 오르락내리락하는 것은 당연합니다. 하지만 2030년, 2040년이라는 미래까지 내다본다면, 미국 경제는 여전히 성장을 멈추지 않을 것입니다. 그 성장의 흐름을 캐치하는 것이 바로 미국 주식 투자의 포인트라고 볼 수 있지요.

머리말 :: 3

제1장
저명한 투자자들은 지금, 미국 주식의 미래를 어떻게 전망할까?

누구의 말을 들을까? :: 19
버크셔 해서웨이의 주주총회에서 워런 버핏에게 질문해 봤다 :: 23
제너스 헨더슨이 눈여겨보는 두 기업, 아마존과 마이크로소프트 :: 29
1조 엔을 굴리는 라자드의 로보틱스 전략 :: 34
캐시 우드가 주목하는 네 가지 파괴적 혁신 :: 38

제2장
미국 주식, 왜 투자해야 하는가

혁신을 지탱하는 힘은 다양성에 있다 :: 49
가장 총명한 인재들이 모여드는 나라 :: 55
리스크테이킹 문화 :: 59
위대한 플랫폼 국가 :: 64
절대 미국의 패배에 걸지 마라 :: 68
미국, 태생부터 강점을 지닌 나라 :: 74

개인 금융 자산 2,000조 엔, 그러나…… : : 81
302배 성장한 주가지수 : : 85
미국 주가는 정말 하락할까? : : 89
미국 주식에 투자했더니 재산이 얼마나 늘었을까? : : 93
미국 기업의 독보적인 수익 창출력 : : 97

제3장
포트폴리오의 콘셉트는 'SNE'

포트폴리오와 장기 보유 : : 105
포트폴리오의 기본은 '코어-위성' : : 110
코어 포트폴리오의 베이스는 'SNE' : : 114
올 컨트리에도 포함된 이머징, 하지만…… : : 119
신흥국 투자에 주목하는 이유 : : 122
위성 포트폴리오, 10종목 정도가 적절하다 : : 127
자산 활용도, 미국 주식으로 높인다 : : 129

제4장
이제 직접 투자에 뛰어들자

새로운 NISA로도 살 수 있는 미국 주식 : : 137
적립 투자형은 ETF로 운용하라 : : 140
NISA로 투자할 때 주의할 점 : : 144
계좌 개설부터 거래까지 : : 147
세금에 대해 : : 152
장기 보유에 정성을 쏟아라 : : 155

자신의 리스크 허용도를 알아라 : : 159
분산투자에 정성을 기울여라 : : 163

제5장
평생 함께할 외국 주식&ETF 22선

미국 주식과 신흥국 주식으로 포트폴리오를 채워라 : : 167
코어 포트폴리오는 ETF로 : : 170
- S&P500 : : 171
- NASDAQ100 : : 172
- MSCI 신흥국 지수(MSCI Emerging Markets Index) : : 174

위성 포트폴리오는 개별주 : : 175
미국 주식 하이코 코퍼레이션(HEI) : : 177
미국 주식 보잉(BA) : : 180
미국 주식 코스트코 홀세일(COST) : : 184
신흥국 주식 그루포 에어로포르투아리오 수레스테(ASR) : : 187
미국 주식 신타스(CTAS) : : 190
미국 주식 벌칸 머티리얼스(VMC) : : 194
미국 주식 테슬라(TSLA) : : 197
미국 주식 애플(AAPL) : : 201
미국 주식 서비스나우(NOW) : : 205
신흥국 주식 주미아 테크놀로지(JMIA) : : 208
미국 주식 이튼(ETN) : : 211
신흥국 주식 HDFC은행(HDB) : : 214
미국 주식 알파벳(GOOGL) : : 217
신흥국 주식 메르카도리브레(MELI) : : 220
미국 주식 아마존닷컴(AMZN) : : 223

미국 주식 넥스트에라 에너지(NEE) : : 226
미국 주식 팔란티어 테크놀로지스(PLTR) : : 228
미국 주식 인튜이티브 서지컬(ISRG) : : 231
미국 주식 레이도스 홀딩스(LDOS) : : 234

맺음말 : : 236

제1장

저명한 투자자들은 지금, 미국 주식의 미래를 어떻게 전망할까?

미국
주식
투자

누구의 말을 들을까?

예전에 짐 로저스를 인터뷰했을 때의 이야기다. 그 당시 20대였던 필자는 그의 저서 《월가의 전설 세계를 가다(Investment Biker)》를 읽고 세상에 흥미가 생겼다. 그래서 필자는 그를 멘토이자, 어떤 의미에서는 은인이라 생각했기에 감사한 마음을 갖고 있었다. '머리말'에서도 잠깐 언급했지만, 그런 짐 로저스는 미국의 미래에 비관적이다. '거액의 재정 적자로 인해 미국 주식은 언젠가 반드시 곤두박질칠 것'이라고 꾸준히 주장했던 것이다.

그는 의견을 굽히지 않았고, 그렇게 10년이 넘는 시간이 흘렀다. 그 말은, 10년간 크게 상승을 이어 온 미국 주식시장을 제대로 읽어내지 못했다는 뜻이 된다. 그런 그를 과연 투자자로서 어떻게 평가할 수 있을까?

그는 미국 경제와 미국 주식의 미래를 비관한 반면, 중국 경제와 중국 주식의 미래에 대해서는 매우 낙관적인 전망을 내놓았다.

미래를 어떻게 전망하든, 그건 개개인의 자유이니 각자 알아서 하면 된다.

하지만 그는 중국 주식 투자에 대해 이런 말도 했다.

"나는 지금도 내가 보유한 중국 주식을 단 한 주도 팔지 않았다. 계속 갖고 있다. 이것은 지금 당장 수익을 내기 위한 투자가 아니다. 먼 훗날, '할아버지가 옛날에 중국 주식을 사 놓은 덕분에 후손이 돈방석에 앉았어요'라고 말해 줄 손주를 생각하면, 그것으로 만족한다."

다시 말해, 그의 투자는 시간의 축 자체가 다르다.

앞으로 미국 주식에 투자하려는 사람들 대부분은, 노후 자금을 효율적으로 불리기 위한 수단으로서 고려하고 있을 것이다. '100세 시대'라는 말이 자연스럽게 쓰일 정도로 평균 수명이 늘어난 지금, 100세 인생은 더이상 꿈이 아니다.

실제로 100세까지 살 수 있는지는 둘째 치고, 과거보다 더 오래 사는 시대가 된 것만큼은 분명하다. 나이가 들면 돈 쓸 일이 있을까 싶지만, 막상 그때가 되어 보지 않으면 모른다. 돈 없이 노후를 맞이했다가 어려움이 닥치고 나서 후회해도 소용없다.

50대는 아마 10~20년 후를 내다보며 투자할 것이다. 30대는 노후까지 아직 40년 가까이 남았으니, 어쩌면 짐 로저스의 관점으로 투자해도 괜찮을 수 있다. 하지만 10년이나 20년 후를 바라보고 투자하는 사람들에게는, '손주가 기뻐하는 모습'을 상상하며 중국 주식에 투자하는 사람의 의견이 곧이곧대로 와닿지는 않을 것이다. 누군가의 의견을 참고할 때는, 그 사람이 어느 시점을 바라보고 말하는지 분명히 인식할 필요가 있다.

참고로 필자는 2023년 말에 짐 로저스를 만났다. 그때 그는 '2~3년 안에 세계에서 가장 많은 부채를 안고 있는 미국 경제는 큰 혼란에 빠질 것'이라고 말했다. 시기를 따져보면 마침 2025~2026년 사이다.

하지만 그는 전 세계 모든 나라의 전망이 어둡다고 보지는 않았다. 그는 '새로 떠오르는 나라도 있을 것이며, 새로운 산업도 생길 것이다. 미국 주식시장 역시 심각한 상황 속에서도 잘 나가는 기업은 잘 나갈 것이다'라는 전망도 내놓았다.

그렇다면 새롭게 떠오를 나라는 어디일까?

그중 하나는 중국이다.

짐 로저스가 중국 기업의 주식을 단 한 주도 팔지 않았다는 이야기만 봐도 충분히 짐작했을 테지만 말이다.

그는 '우즈베키스탄'도 눈여겨본다고 했다. 나 역시 15년 전쯤에 우즈베키스탄의 증권거래소를 방문한 적이 있다. 당시 시장은 유동성도 없고 규모도 매우 작아, 거래소 책임자가 일본에서 온 방문객들을 신기하게 여기며 반겨 줬던 기억이 있다. 짐 로저스는 그런 우즈베키스탄이 '천연자원, 관광 자원, 자본주의 체제'라는 세

가지 조건을 갖췄다는 점에서, 새로운 성공 스토리를 써 내려갈 가능성이 높다고 봤다. 그 밖에 그가 주목한 곳은 인도와 아프리카이다.

인도는 2023년, 인구수에서 중국을 추월해 세계 최대의 인구 대국이 되었다.

그는 50개국 이상이 모여 있는 아프리카에 대해 절망적인 나라도 있지만, 반대로 매우 위대한 나라도 있다고 말했다. 전도가 유망한 나라가 어디냐고 묻자, 그는 앙골라와 보츠와나를 꼽았다. 다만, 유망한 나라는 10년마다 바뀐다는 말도 덧붙였다.

내 관점에서 해석하자면, 신흥국에 투자한다는 것은 여러 나라의 주식시장에 분산투자하는 것과 비슷한 투자 효과를 기대할 수 있다고 생각한다. 이런 맥락에서, 신흥국에 투자하는 유형의 ETF도 하나의 후보가 될 수 있다. 신흥국 투자의 매력은 나중에 소개하려고 한다.

버크셔 해서웨이의 주주총회에서
워런 버핏에게 질문해 봤다

 2023년 5월, 미국의 네브래스카주에 있는 오마하에 다녀왔다. 투자에 관심 있는 사람이라면 알겠지만, 워런 버핏이 경영하는 투자 회사 버크셔 해서웨이의 본사가 이 도시에 있다. 필자는 그곳에서 열린 주주총회에 참석했다.
 인구 45만 명가량의 오마하에는, 매년 열리는 버크셔 해서웨이 주주총회를 위해 전 세계에서 약 4만 명이나 되는 주주가 모여든다. 워런 버핏에 따르면, 그해에는 무려 45개국에서 주주들이 찾아왔다고 한다.
 버크셔 해서웨이 주주총회에서는 워런 버핏에게 직접 질문할 기회가 주어진다. 버핏은 60개 이상의 질문을 받는데, 이 중 절반은 현장에 참석한 주주, 나머지 절반은 온라인을 통해 받는다.
 따라서 질문을 하려면 추첨을 통해 즉석에서 뽑는다. 그러니까 약 3만 명의 참석자 중 단 30명만 질문할 수 있으니, 그 확률은 0.1%에 불과하다.

필자는 추첨 번호 19번을 받았고, 추첨을 통해 버핏에게 질문할 기회를 얻었다. 버크셔 해서웨이 주주총회를 오랫동안 취재해 온 니혼게이자이신문 기자는, 이 자리에서 질문한 일본인은 필자가 처음일지도 모른다고 했다. 정말 말도 안 되는 행운이었다.

필자는 질문자용 스탠드 마이크 앞에 서서 긴장한 채 질문했다.

"당신은 '미국을 거스르는 도박은 하면 안 된다'는 주장을 계속해 왔습니다. 앞으로 미국이 우위를 유지하려면 무엇이 가장 중요하다고 보십니까?"

이 질문에 워런 버핏은 이렇게 답했다.

"미국은 비교적 젊은 나라지만, 지금까지 수많은 시련을 겪어 왔습니다. 제46회 대통령 선거나 남북전쟁도 그중 하나지요. 특히 남북 간 정치, 사회, 경제적 차이에서 비롯된 전쟁은 참으로 비극적인 사건이었지만, 동시에 미국이라는 나라를 형성하는 데 큰 영향을 주었습니다.

1790년 당시 미국 인구는 전 세계의 0.5%에 불과했습니다. 하지만 지금은 세계 경제의 25%를 차지하는 경제 대국으로 성장했습니다. 태평양과 대서양으로 둘러싸인 지리적 이점, 그리고 캐나다와 멕시코 같은 이웃 나라와 우호적인 관계를 유지하고 있다는 장점을 갖고 있습니다. 그러므로 미국에는 긍정적인 면과 부정적인 면이 공존하지만, 그 단점들을 상쇄하며 결국 살기 좋은 나라가 되어왔습니다.

제가 지난주에 신경 치료를 받았는데, 국소 마취제인 노보카인은 통증이 거의 느껴지지 않을 정도로 효과가 뛰어나더군요. 그런 놀라운 발명을 해내는가 하면, 원자폭탄처럼 비극적인 결과를 낳는 발명도 있었습니다.

오늘날에는 '당파심(黨派心)'이 '부족주의(部族主義)'에 가까워지면서, 의견 충돌이 폭동으로 번지지 않을까 우려되는 부분도 있습니다. 그래서 우리는 민주주의를 더 정성껏 가꾸고 다듬어야 합니다.

저는 미국에서 태어난 것을 행운이라고 생각하며, 지금이 미국 역사상 가장 좋은 시대라고 믿습니다. 물론 미국에서도 여러 문제를 해결하기 위해 다양한 접근이 필요하며, 마법처럼 간단한 해결책은 존재하지 않습니다.

하지만 미국은 놀라운 성과를 이뤄낼 만한 저력을 지닌 나라입니다. 앞으로 어떤 예상치 못할 일이 벌어지더라도, 저는 쉽게 놀라지 않을 것 같습니다.

남북전쟁 당시에도 링컨 대통령은 불안한 미래를 걱정했습니다. 지금 상황도 그때와 크게 다르지 않아요."

워런 버핏이 바라보는 미국은 놀라운 성과를 이뤄낼 저력을 지닌 나라다. 그리고 그러한 관점은 주가 상승 같은 단기적인 흐름이 아니라, 인생 경험에서 우러나오는 통찰력으로 이어진다.

현장에서는 요즘 한창 뜨거운 테마인 AI와 로보틱스 관련 질문도 나왔다.

사실 필자가 버크셔 해서웨이 주주총회에 참석했을 때는 워런 버핏의 오른팔로서 오랜 파트너였던 찰리 멍거가 아직 건재했다.

그때 찰리 멍거는 이렇게 말했다.

'BYD(버크셔가 주주로 있는 중국의 대형 전기차 제조사)의 공장에서는 로보틱스가 상상을 초월할 만큼 빠른 속도로 성장을 이루고 있다.'

'미래에는 전 세계 곳곳으로 로보틱스가 뻗어 나갈 것이다.'

하지만 그는 AI에 대해 지나친 기대를 하는 것에 대해서는 회의적인 입장이었다. 그들이 오랜 세월 쌓아 온 지혜는 충분한 가치를 지닌다고 본 것이다.

워런 버핏은 AI가 놀라운 성과를 이루어내며 무궁무진한 가능성을 펼친다고 하더라도, 인간의 사고와 행동 자체를 바꿀 수는 없다고 말했다. AI의 등장이 세상을 바꿀 가능성은 인정하면서도, 그 영향이 인간의 사고와 행동에까지 미칠 수는 없다고 분명히 밝힌 것이다. 워런 버핏은 AI가 만능이 되어 무엇이든 모두 하는 단계에 이르렀을 때, 우리 생활이 예전으로 돌아가지 못할 것을 우려하는 듯했다.

그와 더불어 기술의 발전은 투자 기회를 빼앗는 것이 아니라, 오히려 새로운 기회를 만들어낸다는 사실도 강조했다.

새로운 투자 기회는 사람들이 경솔한 행동을 할 때 생긴다. 그는 버크셔를 이끌어온 58년 동안에 그런 모습을 보이는 사람들이 많아졌다고 이야기했다. 또한 눈앞에 보이는 성과만을 좇는 요즘 같은 시대야말로 5년, 10년, 20년이라는 긴 안목으로 내다보는 이들에게 오히려 절호의 투자 기회라는 말도 덧붙였다.

애플 주식이 버크셔 해서웨이 포트폴리오의 35%를 차지한다는 점을 꼬집은 사람도 있었다. 그 질문자는 버크셔 해서웨이가 애플 발행 주식의 5.8%를 보유하는 것이 위험하지 않은지 물었다.

워런 버핏은 이 질문에 '요점을 잘못 짚었다'고 답하며, 애플은 단순히 버크셔 주식 포트폴리오의 일부가 아니라 회사 전체 사업의 일부로 봐야 한다는 지론을 펼쳤다.

분명 버크셔 해서웨이의 사업 포트폴리오에는 철도, 에너지 사업, 씨즈 캔디 등 다양한 사업이 포함되어 있다. 따라서 버핏과 멍거는 버크셔 해서웨이의 투자 전략이 애플에만 집중되어 있지 않고 다양한 사업으로 분산해서 투자하고 있다는 점을 강조했다.

워런 버핏은 버크셔가 보유한 다른 어떤 사업들보다도 애플이 가장 뛰어나다는 점을 강조하기도 했다. 애플은 소비자와 강한 결속력으로 묶여 있어 기꺼이 거액을 지불하는 충성 고객이 많다는 점에서, 버크셔가 100% 소유한 다른 사업과는 차원이 다르다는 것이다. 하지만 그로부터 1년 뒤 애플 주가가 크게 오르면서, 버크셔 주식 포트폴리오에서 애플이 차지하는 비중이 절반에 이르게 되자 매각을 하기 시작했다.

세상에서는 이를 두고, 워런 버핏이 애플의 성장성을 비관적으로 보고 있다고 해석하기도 했다. 하지만 내 생각은 조금 다르다. 운용하는 관점에서 보면 하나의 종목이 포트폴리오 절반을 넘는다는 것은 건전하지 않다는 판단을 내리고, 포트폴리오의 균형을 맞추기 위해 매각한 것 아닐까 추측하고 있다.

하루를 꼬박 들여 이루어진 버크셔 해서웨이의 주주총회는 매우 유익한 시간이었다. 그중에서도 어떤 질문이든 진지하고 성실한 태도로 주주들의 질문에 답하는 워런 버핏의 성의가 가장 인상 깊었다.

그런 워런 버핏이 이런저런 문제를 안고 있는 미국의 상황을 알면서도 앞으로 꾸준히 성장하리라 믿는 것은, 미국 주식 투자자들에게 매우 든든한 힘이 될 것이다.

제너스 헨더슨이 눈여겨보는 두 기업, 아마존과 마이크로소프트

제너스 헨더슨 인베스터스라는 투자 회사에서 2020년부터 포트폴리오 매니저로 일하고 있는 브라이언 레히트에게 미국 주식시장을 장기적으로 어떻게 전망하는지 물어봤다.

먼저 이 회사의 어떤 방식으로 자산을 운용하는지부터 들어봤다. 장기 투자라는 점에서 보면, 개인 투자자들에게도 참고할 만한 부분이 있기 때문이다.

이 회사는 무엇보다도 비즈니스 모델에 투자하는 것을 최우선으로 두고 있다. 구체적으로는, 투자 대상 기업이 어떤 경쟁 우위성을 지녔는지 이해하고자 노력한다고 한다. 이 경쟁 우위성에 대해서 레히트는 다섯 가지 측면을 제시했다.

"첫 번째는 기술적 경쟁 우위입니다.

제너스가 보유하고 있는 ASML홀딩은 반도체 제조 장치 분야에서 독보적인 기술을 자랑하는 기업입니다. 기술이 없는 나라에서 이 회사의 장치를 처음부터 개발하려고 해도 몇 년은 걸린다고 해요. 이렇게 다른 기업이 쉽게 흉내낼 수 없는 기술력이야말로 장기간 경쟁력을 유지하게 만드는 원동력입니다.

두 번째는 브랜드파워입니다.

대표적인 예로는 나이키를 들 수 있겠네요. 얼핏 보면 나이키는 신발과 재료를 접착제로 붙이는 단순한 제조업체처럼 보일 수도 있습니다. 하지만 실제로는 원가에 거의 100%의 이익을 붙여서 제품을 판매합니다. 그러니까 원가가 5,000엔이라면 판매가는 1만 엔이 되는 식이죠. 그만큼 가격을 올려도 많은 소비자가 나이키의 제품을 원하는 것은 이 회사가 강력한 브랜드 파워를 갖고 있다는 분명한 증거라고 할 수 있겠지요.

세 번째는 유통망입니다.

아마존닷컴이 대표적인 예죠. 아마존에서 한 번이라도 주문해 본 분이라면, 상품이 얼마나 빠르게 도착하는지만 봐도 이 회사의 유통망이 타사에 비해 매우 우위에 있다는 사실을 알 수 있을 겁니다.

네 번째는 네트워크 효과입니다.

그 예로 매치 그룹을 들 수 있죠. 매치 그룹은 틴더(Tinder)와 힌지(Hinge)라는 두 데이팅 앱의 모회사를 말합니다. 이들의 강점은 아주 간단하죠. 틴더와 힌지를 쓰는 이용자가 많아지면 많아질수록 입지가 더 단단해지고 사용자들도 더 좋은 체험을 할 수 있게 된다는 것입니다.

다섯 번째는 비용 구조입니다.

할인 매장 T·J·맥스의 모회사인 T·J·X·컴퍼니즈를 예로 들어 볼게요. T·J·맥스는 비용 구조와 점포 네트워크 덕분에 경쟁사보다 훨씬 저렴하게 상품을 사들일 수 있다는 아주 강력한 힘을 지녔어요. 낮은 가격에 상품을 판매할 수 있기 때문에 매장에서 마치 보물찾기를 하듯 재미있게 쇼핑할 수 있는 것이지요."

이처럼 다섯 가지 경쟁 우위성을 이해한 다음에는, 그 경쟁 우위성이 지속 가능한지에 초점을 맞춘다고 한다. 장기 투자를 할 때는 해당 기업이 장기적으로 경쟁 우위성을 유지할 수 있는지가 투자 여부를 결정하는 핵심 기준이 되는 것이다.

제너스의 포트폴리오 회전율은 1년 기준 약 30%이며, 평균적으로 약 3년 정도 보유하고 있다고 한다. 다만 종목 회전율을 0%로 만드는 것이 가장 이상적인 그림이라고 한다. 다시 말해, 기본적으로 종목을 교체하지 않고 운용한다는 뜻이다.

제너스의 펀드에는 GAFAM 종목도 포함되어 있다. GAFAM이 이미 정점을 찍었다는 의견이 적지 않은 가운데, 그들이 무슨 생각으로 이 종목들에 투자하고 있는지 흥미로운 부분이다.

이에 대해 질문하자, 이런 답이 돌아왔다.

"우리가 벤치마크로 참고하는 러셀 1,000지수에서는 GAFAM 비중이 약 36~37%로 매우 높은 편입니다. 하지만 우리 포트폴리오에는 그보다 훨씬 더 적게 들어 있어요. 다만 아마존과 마이크로소프트처럼 매력적인 기업이 있기 때문에 GAFAM의 종목은 하나씩 꼼꼼하게 검토하고 있습니다.

아마존이라고 하면 많은 사람이 소매 사업을 떠올리지요. 아마존 사이트에서 주문하면 현관 앞까지 빠르게 배송해 주잖아요. 하지만 우리가 아마존에서 가장 기대하는 부분은 AWS(아마존 웹 서비스), 다시 말해 아마존이 직접 쌓아 올려 키우고 있는 클라우드 사업입니다.

AWS는 현재 연간 환산 매출이 약 700억 달러에 이르고, 최근 4분기 매출은 전년 동기 대비 37%의 성장을 이뤘습니다. 그래서 아마존의 평가는 대부분 AWS로 설명할 수 있다고 봅니다. 여기에 2022년에는 약 400억 달러의 매출이 예상되는 광고 사업까지 추가되었죠. 아마존은 이렇게 매력적인 요소가 많은 기업이라고 생각합니다.

반면 아마존의 소매 사업은 역풍을 맞기도 했습니다. 매출은 점점 떨어지고 있지요. 코로나 영향도 무시할 수 없습니다. 약속한 시간에 물건을 배송하기 위해 인력을 대거 늘리다 보니, 2021년에는 인건비가 발목을 잡았습니다. 과도한 인원과 과도한 창고 용량이 겹치면서, 무려 40억 달러 규모의 수익성 악화를 초래했지요.

하지만 이런 문제들은 시간이 지나면서 조금씩 해소되고 있습니다. 저는 아마존의 핵심인 소매 사업이 결국 수익성이 높고 질적으로도 탄탄한 사업으로 자리 잡을 것으로 기대합니다.

그리고 마이크로소프트는 제 생각에 최고 수준의 경영진을 보유한 훌륭한 기업입니다.

이 회사는 핵심 사업인 SaaS(Software as a Service) 부문이 현재 50% 이하의 경영 이익에서 앞으로는 70%까지 성장하고 있다는 점이 아주 매력적이지요. 잘 아시다시피, 마이크로소프트의 클라우드 서비스 '오피스 스위트'는 시장 점유율을 꾸준히 확대하고 있습니다. 그 결과 이 회사의 잉여 현금 흐름(FCF)은 여러 해에 걸쳐 안정적으로 성장해 왔고, 현재 가치 평가는 지극히 합리적인 것으로 보입니다."

참고로 이 인터뷰는 2022년 6월 23일에 진행했으니, 그로부터 이미 2년 이상이 흘렀다. 그 후 생성형 AI가 등장하면서 클라우드 사업이 새롭게 주목받기 시작했고, 아마존과 마이크로소프트 역시 생성형 AI를 서비스에 접목해 고객에게 새로운 편의성을 제공하고 있다. 지금도 이 두 기업의 매력은 변함이 없다고 본다.

1조 엔을 굴리는 라자드의 로보틱스 전략

운용 잔액이 1조 엔을 돌파한 닛코 에셋 매니지먼트의 글로벌 로보틱스 펀드다. 이 펀드의 포트폴리오 매니저인 기시다 아리오에게 '로보틱스' 투자에 관해 물었다.

기시다 아리오는 오랜 기간 해외 주식 운용을 맡아온 드문 일본인 베테랑 투자자 중 한 사람이다. 이 펀드는 운용을 시작한 지 벌써 9년이 되었고, 안정적으로 자산을 불리기 위해 '더 확실하다고 판단되는 테마'에 투자하고 있다.

그 테마가 바로 '로보틱스'다.

'로보틱스'라고 하면 공장에서 활약하는 물리적 로봇을 먼저 떠올리기 쉽다. 하지만 기시다 팀은 더 넓게 투자 대상을 시야에 넣고 있다. 로봇 관련 기술인 AI, 이미지 센서, 구동 기술 등까지 포괄하는 '로보틱스'는 앞으로 세계 각국 산업의 혁신을 근본적으로 떠받칠 분야라고 판단해 주목하게 되었다고 한다.

즉, AI와 센서 기술, 눈에 보이지 않는 로봇까지 포함해 자동화를 가능하게 해 주는 기술이라면 전부 투자 대상이다. 예를 들어 기시다가 말하는 생성형 AI란 '인비저블 로봇(눈에 보이지 않는 로봇)'을 말한다. 즉, 우리가 부탁하면 어떤 일을 대신 처리해 주고, 자동화를 구현하는 기술이다. 자동차 생산 과정에도 자동화가 빠르게 도입되고 있으며, 앞으로는 로봇과 인간이 함께 일하는 시스템이 당연해질 것으로 예상된다. 이런 자동화가 확산되려면 데이터 분석이 꼭 필요하기에 이렇게 자동화가 적용되는 모든 세계가 투자 대상에 포함되는 것이다.

지금 전 세계적으로 주목받고 있는 엔비디아의 GPU(그래픽처리장치)가 바로 이런 자동화를 가능하게 해 준다.

기시다의 펀드에서도 엔비디아는 최상위 보유 종목이다(2024년 9월 말 기준).

엔비디아의 GPU는 특히 AI에 필요하다. 기계 학습이나 데이터 처리처럼 고도의 기술을 구현하는 과정에서 이 GPU가 중요한 역할을 하기 때문이다. 자동화 분야에서는 대부분 방대한 양의 데이터를 실시간으로 처리해야 하는데, 이렇게 고속 병렬 처리할 때는 엔비디아의 GPU가 가장 적합하다고 한다.

그렇다면 왜 그 많은 반도체 제조업체 중에서도 유독 엔비디아의 GPU가 꾸준히 선택될까?

그 이유 중 하나는 엔비디아가 개발한 CUDA(Compute Unified Device Architecture)라는 병렬 연산용 소프트웨어 플랫폼에 있다.

CUDA를 사용하면 GPU의 뛰어난 처리 능력을 최대한 살려 대규모 데이터나 복잡한 연산까지도 훨씬 더 빠르게 처리할 수 있는 것이다.

GPU는 보통 그래픽 처리에 사용되는데, CUDA를 사용하면 그래픽 말고도 복잡한 계산까지 효율적으로 처리할 수 있다.

엔비디아 GPU를 사용하는 엔지니어들에게는 이미 CUDA가 표준으로 자리 잡았다. 그래서 다른 회사에서 성능이 비슷하고 가격이 조금 더 저렴한 GPU를 내놓더라도, 엔지니어들 입장에서는 처음부터 다시 배워야 하는 부담이 있다.

물론 전환 툴이 있긴 하지만, 모든 기능이 새로운 환경에서 원활히 돌아가도록 맞추려면 시간과 노력이 필요하다. 결국 익숙하고 편한 엔비디아를 쉽게 바꿀 수 없으니 과점 상태가 이어질 수밖에 없는 것이다.

당연히 엔비디아가 보유한 점유율을 빼앗아 보고자 여러 반도체 기업들이 꾸준히 도전하고 있다. 하지만 시장 자체가 앞으로도 성장세에 있고, 엔비디아 역시 차세대 GPU를 개발하고 있기에 적어도 향후 몇 년 동안은 엔비디아의 주가 상승을 기대할 수 있을 것 같다.

특정 종목에 집중하는 것이 아니라, 포트폴리오 전체의 안정적인 성과를 꾀하는 것이 기시다 씨의 펀드 운용 철학이다.

그는 '좋은 기업은 저점에 사서 고점에서 비중을 줄인다'는 기본 방침 아래, 장기적인 수익을 추구하고 있다. 그가 운용하는 로보틱스 펀드는 IT 관련 종목이 전체의 54%를 차지하며, 그 중 약 30%가 반도체 관련이다.

'투자에서 100% 성공을 거두기는 어렵다. 하지만 60%의 확률로 바른 판단을 내리는 것이 중요하다.'

기시다 아리오는 이렇게 말하며, 장기적인 시각으로 펀드를 운용하는 태도의 중요성을 강조했다. 경험에서 우러나오는 규율 있는 투자 수법이야말로 리스크를 관리하면서 동시에 안정적인 수익을 추구하는 열쇠임을 엿볼 수 있다.

캐시 우드가 주목하는
네 가지 파괴적 혁신

　캐시 우드는 앞에서도 잠깐 언급했듯, '여성 워런 버핏'으로 불리는 인물이다. 대형 운용사에서 12년 동안 글로벌 테마 주식을 운용하며 CIO로서 약 50억 달러의 자금을 관리했다. 2014년 1월에 아크 인베스트를 설립하여 현재 CEO를 맡고 있다.

　2018년, 테슬라에 대해 비관적인 전망을 내놓은 투자자들이 지배적이던 시기에도 우드는 이 회사의 성장 가능성에 대해 낙관적인 의견을 굳건히 밀고 나갔다. 전기차 시장이나 자율주행 기술, 에너지 사업 분야에서 테슬라가 갖춘 리더십을 높이 평가했고, 그녀의 펀드는 테슬라에 대규모 투자를 단행했다.

　테슬라 주가가 20달러대였던 시절이었다. 그 후 2020년 말에 200달러를 넘어서면서 우드는 시장에서 큰 주목을 받았다.

　이런 성과로 미국 투자 전문지 배런스(Barron's)는 2021년, 그

녀를 '미국 금융 업계에서 가장 영향력 있는 100인의 여성' 중 1명으로 선정했다.

우드가 이끄는 아크 인베스트가 대단한 이유는 투자 포트폴리오와 거래 내용을 매일 공개하는 높은 투명성에 있다. 이러한 투명성은 많은 투자자에게 신뢰를 주고 있다.

캐시 우드

그런 그녀는 파괴적 혁신에 투자한다는 분명한 철학을 가지고 있다. 그렇다면 파괴적 혁신이란 무엇일까? 우드에게 묻자, '기술로 인해 가능해지며, 시장의 경쟁 법칙을 뿌리부터 파괴하여 기존 기업들의 점유율을 빼앗을 정도로 혁신적인 변화'라고 답했다.

우드가 주목하는 네 가지 파괴적 혁신 테마, '핀테크', '스페이스(우주)', '디지털 전환', '메타버스'에 대해 하나씩 살펴보자.

과연 어떤 점에서 이 테마들이 파괴적 혁신일까?

먼저 '핀테크'에 대해 우드는 이렇게 설명했다.

"세계는 디지털 월렛을 향해 빠르게 진화하고 있다고 생각해요. 디지털 월렛의 최초 사례는 중국의 WeChat Pay였죠. 저희는 디지털 월렛이 전 세계에 확산되면서, 금융 서비스는 물론 상업 목적으로도 폭넓게 활용될 것으로 보고 있어요.

이는 혁신 분야에서 가장 주목해야 할 움직임 중 하나입니다. 앞으로 많은 기업은 블록체인이 제공하는 기술을 도입하거나, 적어도 그 준비를 시작하게 될 거예요. 예를 들어 스퀘어(현재 블록)는 연구 개발의 상당 부분을 비트코인의 블록체인에 투자하고 있습니다. 여러 블록체인을 활용하는 기업도 물론 나오겠지만, 이건 정말 대단한 아이디어라고 생각해요.

실제로 전체적인 흐름을 살펴보면, 암호 자산에 직접 투자하는 것도 아닌데 투자하는 기업이 암호 자산과 접점이 있습니다.

저는 암호 자산 시장이 2030년까지 25조 달러 규모로 성장할 것으로 보고 있어요."

핀테크는 간단히 정의하자면 '금융의 디지털화'다.

예전에는 쇼핑하다가 결제가 필요하면 은행에 가서 현금카드를 ATM에 넣고 버튼을 눌러 현금을 인출해야 했다.

하지만 모바일 결제가 보급되면서 이제는 굳이 ATM까지 갈 필요가 없다. 더치페이를 하기도 편하다. 여기에 코로나로 인해 비접촉 거래 수요가 급격히 증가하면서 모바일 결제를 비롯한 핀테크의 확산 속도는 더욱 빨라졌다.

애초에 핀테크 서비스는 아프리카 대륙에서 처음 시작되었다는 사실을 알고 있는가. 2007년부터 시작된 엠페사(Mpesa)가 그 주인공이다. 현재 엠페사는 아프리카 대륙에서 연간 122억 건의 거래를 처리하고 있다.

그에 비해 일본의 전자 머니 결제 건수는 어떨까? 2023년 일본 정부에서 발표한 수치가 61억 5,600만 건으로, 아프리카 대륙의 절반 수준에 그친다.

아프리카 대륙에서 모바일 결제가 빠르게 보급된 이유는 간단하다. 은행 계좌를 개설할 수 없는 사람이 많았기 때문이다. 게다가 유선 전화 인프라가 갖춰지기도 전에 스마트폰이 먼저 보급됐다. 그래서 스마트폰을 이용하는 모바일 결제가 순식간에 퍼져 나갈 수 있었다.

두 번째 파괴적 혁신인 '스페이스(우주)'에 대해 우드는 이렇게 말했다.

"저는 큰 기회가 두 번 올 것으로 봅니다. 하나는 현재 브로드밴드를 이용하지 않는 20~30억 명의 사람들, 그리고 브로드밴드가 닿기 어려운 오지에 거주하는 사람들에게 인터넷을 연결하는 것이에요. 그리고 또 하나, 점점 활발해지고 있는 대박 아이디어가 바로 극초음속 비행입니다. 이 사업 기회를 엿보고 있는 대기업도 슬슬 등장하고 있고, 그 사이에 위치하는 분야가 드론입니다. 드론은 식료품이나 생필품 배송 비용을 크게 낮출 수 있거든요."

우주에 관해 말하자면 완전히 일론 머스크의 세상이다. 그는 지구가 사람이 살 수 없는 환경이 됐을 때를 대비해, 화성을 인간이 거주할 수 있는 환경으로 만들어야 한다고 생각했다. 하지만 누구나 화성까지 갈 수 있게 하려면 무엇보다 수송비를 낮춰야 한다. 그렇게 해서 2002년에 스페이스X가 탄생했다.

수송비를 낮추고자 그는 재사용이 가능한 로켓을 발사하는 방식을 생각하고 있다. 해상에 스페이스 포트를 설치하고, 우주에서 귀환한 로켓이 착륙하면 그 자리에서 정비를 거쳐 다시 우주로 날아갈 수 있도록 하는 것이다.

그리고 그 전초전 역할을 하는 것이 스타링크다. 2024년 6월 기준으로 스타링크가 쏘아 올린 소형 위성 6,219기가 지구 주위를 돌고 있으며, 이를 통해 전 세계에서 인터넷 통신이 가능하다. 우드가 말한 '현재 브로드밴드를 이용하지 않는 20~30억 명의 사람들, 그리고 브로드밴드가 닿기 어려운 오지에 거주하는 사람들'에게 스타링크는 브로드밴드 통신의 길을 열어주고 있는 셈이다.

세 번째 파괴적 혁신인 '디지털 전환'에 대해 우드는 이렇게 설명했다.

"코로나 시기에는 이 주제가 매우 중요한 화두에 올랐어요. 2020년에는 제로 터치, 제로 콘택트가 큰 테마였습니다. 이러한 흐름은 모든 것을 디지털화하고자 바삐 움직이게 했고, 기술의 진화는 이를 실현했습니다.

각 산업 분야가 디지털화를 이루었고, 우리는 하이브리드 근무 체제로 전환했습니다. 현재 대부분의 기업이 하이브리드 근무를 시행하고 있죠. 1주일에 며칠만 사무실에 출근하는 사람도 있고, 완전한 원격으로 집에서만 일하는 사람도 있습니다. 그야말로 디지털화가 가져 온 혜택이라고 할 수 있겠네요. 여기에 의료 분야도 디지털화가 이루어지면서, 마침내 원격 의료가 현실이 되었습니다."

이 디지털 전환의 기반이 되는 핵심 기술은 AI다. 생성형 AI인 ChatGPT가 2022년 11월에 첫 선을 보이자마자 단숨에 확산되었다. 의료 분야에서 AI를 바라보면, 예를 들어 신약 개발 기간을 단축할 가능성이 높아진다.

신약을 개발하려면 원래는 다양한 종류의 방대한 정보를 수집하고 수많은 실험을 거쳐야 한다. 하지만 AI를 활용하면 이 과정을 크게 단축할 수 있다. 그 결과 신약 개발에 드는 비용 역시 대폭 낮출 수 있다.

나아가 AI는 스크린 속에만 머무르지 않고 이제 현실에서 움직이는 존재로 진화하고 있다.

예를 들어 방을 청소하는 로봇 청소기가 그렇다. 로봇 청소기에는 카메라와 AI가 탑재되어 있어, 카메라로 방의 구조와 물건

배치를 인식하고 AI가 이를 학습하여 매핑(mapping)한 대로 방을 자동으로 청소해 준다.

자동차의 자율주행도 AI가 강점을 발휘하는 분야다. 세계보건기구(WHO)의 자료에 따르면, 매년 119만 명이 교통사고로 목숨을 잃고, 2~5천만 명이 부상을 당한다고 한다. 사실 이러한 사고의 약 94%는 운전자의 과실에서 비롯된다. 자율주행이 보급되면, 자동차 사고로 인한 비극을 확실히 줄일 수 있을 것이다.

테슬라의 경우, 미국 주요 대도시에서 전기차(EV) 자율주행 택시를 운행하는 '로보택시' 계획을 추진하고 있다.

게다가 전기차를 움직이는 데 필요한 전기는 태양광 패널을 통해 생산한다고 한다. 택시 운용 비용의 양대 축은 운전자 인건비와 연료비다. 전기차 자율주행 택시가 보급되면, 이 두 가지 비용을 한꺼번에 줄일 수 있다. 기존의 택시 회사 입장에서는 그야말로 파괴적 혁신일 것이다. 2024년 6월, 아크는 이런 테슬라의 2029년 목표 주가를 2,600달러로 발표했다. 2024년 10월 25일 기준으로 269달러였던 테슬라 주가가 앞으로 5년 동안 10배에 가까운 상승이 가능할지, 매우 흥미로운 부분이다. 그리고 마지막 파괴적 혁신인 '메타버스'에 대해 우드는 이렇게 설명했다.

"메타 플랫폼스(구 페이스북)가 전형적인 사례입니다. 이 회사는 가상 세계인 메타버스에 회사의 미래를 걸었습니다.

현재 젊은 세대가 자유롭게 쓸 수 있는 여가 시간의 절반 이상이 이미 온라인에서 소비되고 있습니다. 가상 세계는 앞으로도 계속 진화할 것이고, 특히 젊은 세대의 성장과 함께 소비 영역에서 차지하는 비중이 더 커질 것으로 보고 있습니다."

이처럼 신선한 혁신이 등장하면, 반드시 이를 부정하는 사람도 나온다. 예를 들어 아이폰이 처음 세상에 등장했을 때, '그런 게 사업에 쓰일 리 없다'고 말한 사람은 당시 마이크로소프트의 CEO였다. 아이폰에는 당시 필수로 여겨졌던 물리 키보드가 없었고, 터치 패널 방식에다 가격도 한 대에 무려 500달러나 했다. 당시 스마트폰의 원조격인 블랙베리를 포함해 이런 단말기에는 반드시 물리 키보드가 달려 있었다.

오래된 이야기지만, TV가 처음 세상에 나왔을 때도 영화업계에서는 'TV는 절대 유행하지 않을 것'이라는 반대 의견이 나왔다고 한다.

핀테크, 우주선, 모바일 결제, 자율주행, 메타버스까지, 새로운 혁신이 등장할 때마다 반대의 목소리를 높이는 사람은 늘 있었다.

하지만 시간이 지나면서 이러한 기술들은 서서히 사람들 사이에 스며들어 왔다. 혁신은 이렇게 진행되는 것이다.

미국
주식
투자

혁신을 지탱하는 힘은
다양성에 있다

앞에서도 언급했던 버크셔 해서웨이의 주주총회 자리에서, 필자는 워런 버핏 회장에게 질문하기 전에 먼저 한 마디 감사의 말을 전했다.

예전에는 '킹 오브 월스트리트'로 불리며 명성을 날렸던 살로몬 브라더스라는 투자은행이 있었다. 지금은 사라진 회사지만, 당시 월스트리트에서는 단연 최강으로 평가받던 곳이었다. 필자는 대학을 졸업하자마자 이 살로몬 브라더스에 입사했고, 그때 이 회사의 최대 주주가 바로 워런 버핏이었다.

하지만 필자가 워런 버핏 회장에게 감사를 전한 이유는 그 때문만은 아니었다.

살로몬 브라더스는 미국 국채의 프라이머리 딜러로 명성을 떨쳤지만, 1991년 미국 국채 입찰 과정에서 부정이 드러나면서 신용을 잃고 파산 위기에 몰렸다. 그때 워런 버핏이 살로몬 브라더스의 잠정 회장 자리에 취임했다. 그는 미국 의회에 출석해 "살로몬 브라더스의 직원을 대표해, 미국 국민 여러분께 사죄 말씀드립니다"라며 고개를 숙였다. 이때부터 워런 버핏은 살로몬 회장 등 고위 경영진들을 해고했고, 필자를 직접 고용했던 살로몬 브라더스의 전 도쿄지점장 데릭 모건(Deryck Maughan)을 CEO로 임명하고, 대규모 구조 조정을 단행했다. 이러한 조치를 통해 살로몬 브라더스는 가까스로 파산만은 면할 수 있었다.

그 당시 필자는 뉴욕 본사에서 근무 중이었고, 결혼을 앞두고 있었다. 솔직히 말해 그 사건이 터졌을 때, '신혼생활 시작하자마자 실업자 신세인가'하며 암담한 기분이었다. 하지만 워런 버핏이 의회에서 고개를 숙인 덕분에, 필자는 다행히 직장을 잃지 않고 위기를 넘겼다. 그래서 그 자리에서, 그 일에 대한 감사 인사를 전하고 싶었던 것이다.

참고로 이 사건을 계기로, 일반 미국인들 사이에서도 워런 버핏의 이름이 널리 알려지게 되었다.

그렇게 간단한 감사 표시를 한 뒤, 제1장에서 이야기했던 미국 경제의 강점에 대해 질문을 던졌다. 그때 돌아온 답이 단연 돋보였다. 단순히 미국 경제가 강한지 약한지만 말하는 것이 아니라, 지금까지 미국이 걸어온 역사를 섞어 넣어 사람들이 자연스럽게 인식하도록 한 것이다.

그는 이렇게 말했다.

"미국은 1776년에 건국된 매우 젊은 나라입니다. 하지만 그동안 수많은 시련을 겪어 왔지요. 우리는 지금까지 마흔여섯 차례의 대통령 선거를 치렀고, 남북전쟁도 겪었습니다. 정말 비극적인 일이었지만, 결국 그런 경험들이 미국이라는 나라의 골격을 만들었습니다. 경제 대국이 된 지금도 여전히 해결해야 할 문제가 남아 있지만, 미국은 놀라운 성과를 이루어낼 능력을 지닌 나라입니다. 앞으로 어떤 예상치 못한 일이 벌어지더라도, 저는 놀라지 않을 것 같군요."

명확한 답을 내놓은 것은 아니지만, 그 자리에 있던 사람들은 대부분 그의 말에 깊이 공감했을 것이다. 필자 역시 그중 한 사람이었다.

특히 '미국은 놀라운 성과를 이루어낼 능력을 지녔고, 앞으로 어떤 예상치 못한 일이 벌어지더라도 놀라지 않을 것이다'라는 말에는 깊이 공감했다. 바로 이런 이유 때문에 미국은 지금까지 다양한 혁신을 발전시켜 올 수 있었던 것이다.

그렇다면 어떻게 미국은 이렇게까지 지속적으로 혁신을 일으킬 수 있었던 것일까?

그 배경에는 나라의 구조적 특징이 있다. 미국은 다민족, 다종교 국가이며, 상당수 국민이 이민이라는 뿌리 위에서 성장해 왔다는 사실과 깊은 관계가 있는 것 같다.

최근 일본에서도 종종 '다이버시티(Diversity)'라는 듣게 되었다. 말 그대로 '다양성'을 뜻한다.

일본이 굳이 다이버시티를 소리 높여 강조하는 이유는, 애초에 다양성이 부족한 사회이기 때문이다.

이에 비해 미국은 건국 시점부터 이미 다양성을 바탕으로 성장한 나라였다.

미국이 얼마나 다민족 국가인지 잘 보여주는 자료로, 2000년에 실시된 미국 인구조사에서 조사 대상자의 뿌리를 알아본 내용이 있다. 그런데 그 결과가 꽤 흥미롭다.

이 조사에 따르면 독일계, 아일랜드계, 영국계, 아프리카계 미국인이 상위를 차지하며, 100개가 넘는 다양한 뿌리로 나뉘어져 있다. '불법 입국자'가 25위에 올라 있는 점은 미국다운 면모를 잘 나타내는 부분이다.

미국의 저명한 경영자 중에서도 순수 미국인은 거의 없을 것이다. 엔비디아의 공동 창업자 젠슨 황 CEO는 대만계 미국인으로, 아홉 살 때 부모님과 형과 함께 미국으로 이주해 온 이민자 출신이다. 또한 일론 머스크는 남아프리카에서 나고 자랐다. 알파벳(구글)의 CEO를 맡고 있는 순다르 피차이는 인도에서 태어나고 자라, 미국 대학으로 유학 와서 지금의 자리에 올랐다. 그는 한 인터뷰에서, 어릴 적 인도에 있던 집에는 전화조차 없었다고 회상하기도 했다.

도표2 2000년에 실시된 미국 인구조사: 미국인들의 조상은 어디에 뿌리를 두고 있을까?

순위	조상의 뿌리	인구	%	순위	조상의 뿌리	인구	%
1	독일인	43,095,518	80.30	51	혼혈	648,620	1.20
2	아일랜드인	30,524,799	56.90	52	캐나다인	638,548	1.20
3	잉글랜드계(영국인)	24,509,692	45.70	53	핀란드인	623,519	1.20
4	아프리카계 미국인	23,078,410	43.00	54	콜롬비아인	583,986	1.10
5	미국인	20,496,252	38.20	55	아이티인	548,199	1.00
6	멕시코인	16,603,717	30.90	56	앵글로색슨계 미국인	469,772	0.90
7	이탈리아인	15,635,567	29.10	57	과테말라인	463,502	0.90
8	폴란드인	8,977,173	16.70	58	체코슬로바키아인	441,403	0.80
9	프랑스인	8,307,566	15.50	59	레바논인	440,279	0.80
10	스코틀랜드인(영국인)	4,890,531	9.10	60	보헤미아인	425,768	0.80
11	네덜란드인	4,539,369	8.50	61	스칸디나비아인	425,099	0.80
12	노르웨이인	4,477,725	8.30	62	아르메니아인	385,488	0.70
13	스코틀랜드계 아일랜드인	4,319,232	8.00	63	크로아티아인	374,241	0.70
14	스웨덴인	3,998,303	7.40	64	루마니아인	358,905	0.70
15	아메리카 인디언	3,611,064	6.70	65	벨기에인	348,278	0.60
16	푸에르토리코인	2,652,598	4.90	66	이란인	338,266	0.60
17	러시아인	2,652,129	4.90	67	하와이인	331,540	0.60
18	히스패닉	2,451,109	4.60	68	에콰도르인	322,965	0.60
19	프랑스계 캐나다인	2,349,684	4.40	69	스페인인	295,067	0.50
20	중국인	2,269,312	4.20	70	대만인	293,568	0.50
21	인도인	2,174,459	4.10	71	페루인	292,991	0.50
22	필리핀인	2,116,478	3.90	72	온두라스인	266,848	0.50
23	스페인인	2,074,216	3.90	73	동유럽인	253,228	0.50
24	유럽인	1,968,696	3.70	74	파키스탄인	253,193	0.50
25	불법 입국자	1,789,309	3.30	75	아시아인	238,960	0.40
26	웨일스계(영국인)	1,753,794	3.30	76	유고슬라비아인	230,926	0.40
27	멕시코계 미국인	1,640,692	3.10	77	니카라과인	230,358	0.40
28	아시아계 인디언	1,451,140	2.70	78	캄보디아인	197,093	0.40
29	덴마크인	1,430,724	2.70	79	브라질인	181,076	0.30
30	헝가리인	1,397,991	2.60	80	라오스인	179,832	0.30
31	아메리카 원주민	1,364,337	2.50	81	라틴계 미국인	175,772	0.30
32	한국인	1,190,353	2.20	82	슬로베니아인	174,833	0.30
33	아프리카인	1,183,316	2.20	83	북유럽인	163,657	0.30
34	포르투갈인	1,173,691	2.20	84	가이아나인	162,456	0.30
35	그리스인	1,153,038	2.10	85	나이지리아인	161,323	0.30
36	일본인	1,103,241	2.10	86	트리니다드인	158,993	0.30
37	쿠바인	1,097,594	2.00	87	서인도인	147,222	0.30
38	종교적 응답자	1,089,597	2.00	88	태국인	145,290	0.30
39	브리티시(영국인)	1,035,133	1.90	89	시리아인	142,897	0.30
40	베트남인	1,029,150	1.90	90	이집트인	142,832	0.30
41	스위스인	910,069	1.70	91	몽족	140,528	0.30
42	도미니카인	908,531	1.70	92	세르비아인	140,337	0.30
43	우크라이나인	892,774	1.70	93	서유럽인	125,300	0.20
44	체코인	832,843	1.60	94	아랍인	120,665	0.20
45	엘살바도르인	802,743	1.50	95	파나마인	119,415	0.20
46	슬로바키아인	797,764	1.50	96	터키인	117,575	0.20
47	자메이카인	736,513	1.40	97	슬라브인	116,415	0.20
48	체로키족	734,748	1.40	98	알바니아인	113,661	0.20
49	호주인	730,336	1.40	99	스페인계 미국인	111,781	0.20
50	리투아니아인	659,992	1.20	100	이스라엘인	106,839	0.20

출처: 미합중국 인구조사국 'Census 2000'에서 마넥스증권 작성

제2장 미국 주식, 왜 투자해야 하는가

그런 사람들이 미국으로 이주해 와 교육을 받고, 미국이나 세계를 크게 변화시키는 사업에 종사하고 있다. '인종의 도가니'라 불릴 만큼 다양한 배경이 어우러진 덕분에 미국의 혁신은 더욱 가속화된다.

또한 국가 제도 자체가 혁신에 적합한 부분도 있다.

예를 들어 미국합중국 헌법 수정 제1조의 '언론의 자유'는 활발한 의견 교환을 촉진하고, 새로운 사고방식과 사업 아이디어가 나오기 쉬운 환경을 만든다. 본래 미국 정부의 정책은 기본적으로 기업 친화적이며, 전통적으로 공공 정책은 기업가 정신을 장려하고 중소기업과 스타트업을 지원하는 데 중점을 두어 왔다.

이민을 기반으로 한 국가의 구조와 그로부터 파생된 정책, 제도가 모두 혁신을 밀어주는 형태로 자리잡고 있는 것이다.

가장 총명한 인재들이 모여드는 나라

앞서 언급한 다양성과도 깊은 관련이 있는 것이 바로 수준 높은 교육 기관의 존재이다.

전 세계의 우수한 학생들에게 어느 나라에서 공부하고 싶은지 물으면, 아마 많은 학생이 미국을 뽑을 것이다.

미국의 US 뉴스가 발표한 '2022-2023 세계 대학 랭킹'에 따르면, 세계에서 최고 수준으로 평가받은 20개 대학 중 무려 15개가 미국에 있다.

나머지는 영국 대학 4곳과 캐나다 대학 1곳뿐이다.

이 랭킹에 이름을 올릴 만한 우수 대학에서 공부하는 것은 곧 미래의 출세로 이어지는 길이 된다. 그중에는 이런 대학에서 배운 뒤 자국으로 돌아가 활약하는 사람도 있지만, 그대로 미국에 남아 취업하거나 직접 사업을 하는 사람도 적지 않다. 그야말로 전 세계

도표3 2022-2023년 세계 대학 랭킹
전 세계 상위 20개 대학 가운데 15개가 미국

	대학명	소재지		대학명	소재지
1	하버드대학교	🇺🇸	11	예일대학교	🇺🇸
2	매사추세츠공과대학교(MIT)	🇺🇸	12	유니버시티 칼리지 런던(UCL)	🇬🇧
3	스탠퍼드대학교	🇺🇸	13	임페리얼 칼리지 런던	🇬🇧
4	캘리포니아대학교 버클리캠퍼스(UC Berkeley)	🇺🇸	14	캘리포니아대학교 로스앤젤레스캠퍼스(UCLA)	🇺🇸
5	옥스퍼드대학교	🇬🇧	15	펜실베이니아대학교(UPenn)	🇺🇸
6	워싱턴대학교(시애틀)	🇺🇸	16	프린스턴대학교	🇺🇸
7	컬럼비아대학교	🇺🇸	16	캘리포니아대학교 샌프란시스코캠퍼스(UCSF)	🇺🇸
8	케임브리지대학교	🇬🇧	18	토론토대학교	🇨🇦
9	캘리포니아공과대학교(Caltech)	🇺🇸	19	미시간대학교	🇺🇸
10	존스홉킨스대학교	🇺🇸	20	캘리포니아대학교 샌디에이고캠퍼스(UCSD)	🇺🇸

출처: U.S.News & WORLD REPORT

에서 모인 Best and Brightest(가장 총명한 인재들)가 미국의 사업을 떠받치고 있다고 해도 과언이 아니다.

또한, 교육 시스템 역시 혁신적인 인재를 배출하는 중요한 요인으로 보인다. 지금 일본도 과거의 주입식 교육 방식에 문제의식을 느끼고, 탐구와 창의적인 사고를 중시하는 스타일로 전환하려 하고 있다. 그러나 미국은 이미 이런 학습 스타일을 오래전부터 확립하고 심화시켜 왔다. 말 그대로 한두 수가 아니라 세 수 이상은 앞서 있는 셈이다. 일본에서는 도쿄대학교와 교토대학교가 최고의 학부로 평가받지만, 이 두 대학교 역시 세계 대학 랭킹 상위 20위권에는 이름을 올리지 못하고 있다.

그리고 또 하나, 일본에 세계 최고의 Best and Brightest들이 모이지 않는 이유가 있다. 바로 낮은 임금이다.

최근 들어 일본에서도 드디어 초봉 인상을 추진하는 기업들이 늘어나고 있다. '유니클로'나 '지유'를 운영하는 퍼스트 리테일링은 2023년 1월, 초임을 월 30만 엔으로 인상하겠다고 발표해 화제를 모았지만, 글로벌 기준으로 보면 월 30만 엔은 결코 높은 수준이 아닙니다. 물론 나라마다 사정이 달라 단정할 순 없지만, 윌리스 타워스 왓슨의 '2019 Starting Salaries Report'에 따르면, 초봉(연봉)이 가장 높은 나라는 스위스(800만 엔 이상)였고, 그 뒤를 이어 미국(600만 엔 이상), 독일(500만 엔), 노르웨이(400만 엔) 순이었다. 한편, 일본은 한국이나 싱가포르와 비슷한 수준인 200만 엔 이상에 머물렀다.

게다가 이는 2019년 당시의 수치이며, 그 시점에는 엔화의 가치가 지금보다 훨씬 높았다는 점도 고려해야 한다. 현재 기준으로 보면, 해외에서 바라본 일본의 평균 초봉이나 임금 수준은 매우 낮게 인식될 것이다.

같은 일을 하면서 임금이 2배 이상 차이가 난다면, 누구나 미국 기업에서 일하고 싶어 하지 않을까? 만약 일본에서 일하고 싶다는 사람이 있다면, 그건 아마도 미국 같은 경쟁 사회에서 살아가기 어렵다고 느끼는 기가 약한 사람이거나, 일본을 좋아하는 마니아이거나 둘 중 하나일 것이다.

물론 미국에서 수준 높은 교육을 받으려면 고액의 학비를 감당해야 한다는 경제적인 문제도 있다. 그러나 영어가 가능하고 정말로 우수한 두뇌를 가진 인재라면, 미국 대학에서 고품질의 교육을 받고 졸업 후엔 고액 연봉이 보장된 미국 기업에서 취직하고 싶은 것이 일반적이다.

이처럼 세계의 우수 인재들이 교육 기관과 기업을 따라 미국 모이기 쉽도록 되어 있다. 그렇게 자유로운 발상이 자연스럽게 나오는 환경이 갖추어져 있으니, 그 결과 혁신이 끊임없이 일어나는 것이다.

여기서 흥미로운 통계를 하나 소개하겠다. 세계지식재산권기구(WIPO)가 발표한 '세계혁신지수(Global Innovation Index, GII)'이다. 2024년 기준 1위는 스위스, 2위는 스웨덴, 3위는 미국이었다. 그 뒤를 영국(4위), 싱가포르(5위), 한국(6위), 핀란드(7위)가 이었으며, 일본은 13위에 머물렀다.

리스크테이킹 문화

리스크를 감수하는 자세 또한 혁신을 일으키는 데 중요한 요소다. 미국에는 리스크를 기꺼이 떠안고, 실패를 두려워하지 않는 문화가 정착되어 있다.

예를 들어 소프트웨어를 개발할 때도 일본은 완성도를 최대한 끌어올린 뒤에야 제품을 출시한다. 반면 미국에서 그렇게 하는 개발자를 찾아보기가 어렵다. 대부분은 정식 출시 전에 '베타 버전'이라고 해서 샘플 소프트웨어를 선보여 미리 사용자들에게 써 보게 하고, 불편한 점이나 버그를 찾아낸 후 정식 버전을 내놓는다. 완벽함을 추구하기보다는, 일단 달리면서 고민하고 고쳐 나가는 방식이다.

이렇듯 미국에는 '실패해도 다시 하면 된다', '실패는 다음 기회를 위한 과정'이라며 오히려 실패를 장려하는 문화가 있다. 그래서 기업도 실패를 두려워하지 않고 과감하게 도전할 수 있는 것이다.

일본 기업은 구조적으로 리스크테이킹이 어려운 환경에 있다. 지인에게 들은 이야기인데, 어느 대기업 금융기관에서 30대에 과장 자리에 오른 사람이 이직을 고민하자, 상사가 이렇게 말하며 붙잡았다고 한다.

"자네, 우리 회사에서 과장이라는 게 무슨 의미인지 아는 거야? 크게 노력하지 않아도 안정적으로 많은 급여를 받을 수 있다는 뜻이야."

이 말을 들은 순간, 의욕이 넘쳤던 30대 과장은 점점 더 이직에 대한 마음이 굳어졌다고 한다.

이런 사고방식이 일본 기업 내에 상식처럼 자리 잡고 있다면, 누가 리스크를 감수하려고 할까. 실패할 수도 있지만 잘 풀리면 큰 성과를 낼 수 있는 사업 아이디어가 있어 봤자 어떻게 하겠는가. 성공했다 한들 급여가 크게 오르지도 않고, 오히려 실패했을 때 책임만 떠안게 되어 입장이 위태로워진다면 차라리 아무것도 하지 않는 게 낫다. 일본 기업에 흔한 위계 결재 체제나 집단 합의 방식은 조직 차원에서 실패를 최소화하려는 일종의 견제 장치로도 볼 수 있다.

이러한 조직 구조 아래에서 과감하게 리스크테이킹이 일어나기는 쉽지 않다.

급여 제도의 차이와 인재의 높은 유동성 역시 미국의 리스크 테이킹 문화를 뒷받침한다.

미국 기업은 개개인의 성과에 따라 급여가 크게 달라진다. 실적에 기여한 업무를 인정받으면, 승진과 보상이 약속된다.

예를 들어 일론 머스크의 보수를 보자. 2024년 6월에 열린 테슬라 정기 주주총회에서, 주주가 약 500억 달러 규모의 스톡옵션 보수 패키지를 승인했다는 뉴스가 있었다. 1달러를 140엔으로 계산했을 때, 약 7조 엔에 이르는 금액이다. 이런 보상이 허용되는 것이 바로 미국의 자본주의다.

일론 머스크 입장에서도 이처럼 엄청난 보상을 주주들에게 인정받은 이상, 반드시 그 기대에 부응하고자 노력할 것이다. 물론 전혀 성과를 올리지 못한다면 해고될 수도 있겠지만, 업무에 걸맞은 결과를 낸다면 오히려 더 과감하게 리스크를 감수하며 성공을 다짐할 것이다.

또한 미국 기업은 일본보다 인재의 유동성이 훨씬 높다. 더 나은 대우와 높은 보수를 찾아 이직을 반복하는 것이 일반적인 것이다. 그리고 더 좋은 조건의 회사로 옮겼다면, 그 대우에 맞는 성과를 내기 위해 노력하는 것이 미국식 업무 방식이다.

참고로 미일 평균 임금을 비교해 봐도, 미국에서 일하는 편이 더 낫다고 생각하는 것이 자연스럽다. 물론 언어 능력은 필수 조건이다. 그 조건만 갖춘다면, 적어도 경제적으로는 미국에서 일하는 편이 훨씬 더 여유로워질 수 있다.

예를 들어, 1991년부터 2022년까지 31년 동안 미일 평균 임금에는 얼마나 차이가 벌어졌을까?

1991년 당시 일본은 버블 경제의 마지막 국면이었다. 당시 미국의 평균 임금은 5만 2,224달러였고, 일본은 미국 달러로 환산하면 4만 379달러였다. 그때도 약 1만 달러 차이가 있었지만, 지금은 절망적일 정도로 격차가 벌어졌다. 참고로 이 31년 동안 일본의 평균 임금은 거의 제자리걸음을 했다. 2022년에는 일본의 평균 임금이 4만 1,509달러에 그친 반면, 미국은 7만 7,463달러였다. 2배까지는 아니지만, 이 차이는 상당하다. 최근 일본에서도 임금 인상을 시도하고 있으나, 과거에 낮게 억제해 온 만큼을 따라잡으려면 상당한 폭의 인상이 필요할 것이다.

게다가 경영자나 직원이 자신이 일하는 회사의 주식을 보유하는 것도 강력한 동기부여가 된다. 미국에는 보수의 일부를 현금이 아닌 주식으로 지급하는 기업도 적지 않다.

물론 일본 기업에도 '지주회'를 통해 재직 중인 회사의 주식을 보유할 수 있는 제도가 있다. 하지만 일본 기업의 경우, 이는 직원의 동기부여보다는 회사에 대한 충성심을 높이기 위한 제도라는 색깔이 더 강하게 느껴진다.

하지만 미국에서는 회사에 대한 충성심을 높이기 위한 목적이 아니라, 직원들에게 동기부여를 주기 위해 보수의 일부를 주식으로 지급하기도 한다.

그 주식을 받은 직원 입장에서는 자신이 회사에 공헌하면 주가가 오르고, 배당금이 지급되면 주식 수가 늘어날 수 있다. 즉, 자신이 보유한 자산 가치도 함께 오르는 셈이다. 이로써 적극적으로 리스크를 감수하며 회사 실적을 끌어올리고, 동시에 자신의 수익도 높이려는 선순환 구조가 만들어진다.

위대한 플랫폼 국가

　미국이라는 나라는 전 세계의 다양한 것들을 끌어당기는 강력한 흡인력을 지니고 있다.
　앞서 든 예에서처럼, 우수한 학생이 미국의 대학이나 대학원에 진학하고 싶어 하는 것은 그 전형적인 사례다. 금융시장만 봐도, 많은 국가가 외환 보유고를 위해 미국 국채를 매입하고 있으며, 미국의 다양한 펀드에는 해외 기관투자자와 연금 자금이 대거 유입되어 이들 펀드를 통해 운용되고 있다. 세계은행이 집계한 2023년 대내 직접투자액(FDI)를 보면, 일본의 대내 직접투자액이 199억 달러(약 3조 엔)인데 비해, 미국은 무려 3,488억 달러(약 52조 엔)에 달한다. 그 차이는 실로 약 17배에 이른다.
　대내 직접투자란, 외국 투자자가 해당 국가의 기업에 경영 참여나 기술 제휴를 목적으로 하는 투자를 말하는데, 공장 건설 등도 포함된다. 즉, 일본 기업보다 미국 기업에 투자하는 편이 더 높은 수익을 기대할 수 있다는 사실을 전 세계 국가들이 잘 알고 있는 것이다. 이처럼 미국에는 전 세계에서 거액의 자금이 집중된다.

또한 미국에서 성공은 곧 세계적인 성공으로 이어진다. 이것이 미국은 '위대한 플랫폼 국가'라고 부르는 이유이며, 그렇기 때문에 사람과 물자, 자금이 미국으로 모여드는 것이다.

예전 일본 기업의 사례를 보아도, 먼저 미국에서 성공을 거두고 세계로 뻗어나간 경우가 매우 많다.

토요타와 혼다 같은 이륜, 사륜차 제조업체는 물론, 소니나 파나소닉 같은 가전 제조업체 역시 미국 진출에서 거둔 성공을 발판 삼아 전 세계로 시장을 넓혔다. 당연히 한국, 중국, 인도 등 일본에 이어 세계 시장 진출을 노리는 국가들의 기업들도, 글로벌 시장으로 나아가기 위한 교두보로써 미국 시장에서의 성공을 꾀하고 있을 것이다.

플랫폼이라고 하면, 메타 플랫폼스 같은 SNS 기업, 아마존 같은 전자상거래(EC) 기업, 넷플릭스 같은 동영상 스트리밍 서비스뿐 아니라, 음악 스트리밍 서비스, 브라우저, 클라우드 서비스 등 공통 기반이 되는 구조나 환경을 제공하는 기업이 가장 먼저 떠오를 것이다. 실제로 지금의 인터넷 서비스 분야에서 가장 큰 수익을 올리고 있는 기업군이 바로 이렇게 '플랫포머'라 불리는 이들이다.

그와 마찬가지로, 미국이라는 나라는 국가 자체가 하나의 '플랫폼'이 되어 간다고 볼 수 있다. 〈아메리카 갓 탤런트〉라는 공개 오디션 프로그램을 아는가. 춤, 마술, 노래, 코미디 등 장르를 가리지 않고 참가한 퍼포머들이 상금 100만 달러를 놓고 경쟁하는 오디션 프로그램이다.

이 프로그램을 통해 이름을 알리면, 세계 무대에서도 통한다. 최근 일본인 엔터테이너 가운데 '아방가르디'가 그 대표적인 사례다. 미국에서 인지도를 쌓은 뒤, 그대로 세계로 진출했다. 그야말로 미국이 플랫폼 국가임을 보여주는 한 예라고 할 수 있다.

반대로 일본에서 세계로 진출하는 엔터테이너는 거의 없다고 봐도 무방하다. 안타깝게도, 한국이나 대만의 엔터테이너가 세계 시장 진출을 위한 교두보로 일본 데뷔를 택했다는 이야기는 들어본 적이 없다.

그렇다고 해서 일본이 글렀다는 뜻은 아니다. 한국, 대만, 중국, 아르헨티나도 마찬가지다. 유럽 각국 중에서도 플랫폼 국가에 걸맞은 파급력을 지닌 나라는 거의 없다.

그렇다면 왜 미국만이 플랫폼으로써 기능할 수 있을까? 그 이유는 세 가지로 정리할 수 있다.

첫 번째 이유는 미국이 영어권을 대표하는 나라라는 점이다. 전 세계에서 영어를 사용하는 인구는 약 15억 명으로, 이는 지구촌 인구 5명 중 1명이 일상생활 수준으로 영어를 쓴다는 뜻이다. 일본어와 달리 영어로 정보나 서비스를 제공하면 훨씬 더 많은 사용자와 소비자에게 전해진다. 이것이 가장 큰 강점이다.

두 번째 이유는 인구 규모다. 2024년 6월 추계에 따르면, 미국 인구는 약 3억 3,650만 명으로, 일본의 약 3배에 달한다. 이른바 '서방 선진국' 가운데서도 미국의 인구는 압도적으로 많다. 참고로 일본은 그중 두 번째로 인구가 많으며, 그 뒤를 독일(8,330만), 영국(6,800만), 프랑스(6,490만), 이탈리아(5,870만)가 잇는다. 이들과 비교하면 미국 인구가 얼마나 많은지 알 수 있을 것이다. 당연하지만 인구가 많을수록 파급 효과 또한 커질 수밖에 없다.

게다가 미국은 이민 정책이 성공적으로 작동하여 지금도 인구가 증가 추세에 있다. 반면 일본은 이미 인구 감소 사회에 들어섰으며, 이는 다른 서방 국가들도 비슷비슷하다. 이런 점에서도 미국은 압도적으로 우위의 입장에 있는 것이다.

세 번째 이유 역시 인구 규모와 연결되는데, 미국이 세계에서 가진 영향력이 크다는 점이다.

이 영향력은 경제, 군사, 정치 전반에 걸쳐 나타난다. 이 원고를 쓰고 있는 2024년 8월 현재, 미국에서는 대통령 선거가 한창이다. 한 나라의 대통령 선거의 행방을 전 세계가 주목하고 있는 이유 역시 세계 최강 미국의 지도자를 결정하는 선거이기 때문이다.

절대 미국의 패배에 걸지 마라

'Never Bet Against America'

이 말을 한 사람은 워런 버핏이다. 이 말의 뜻은 '절대 미국의 패배에 걸지 마라'로, 여기서도 미국 경제에 대한 워런 버핏의 강한 신뢰를 엿볼 수 있다.

미국 기업은 일본 기업과 비교가 되지 않을 만큼 강력한, 돈을 벌어들이는 힘을 지니고 있다. 몇 가지 수치로 비교해 보자.

다음은 2023년 기준 닛케이 평균 주가와, S&P500에 편입된 기업들의 평균값을 비교한 자료다.

이 자료에 따르면, 자기자본이익률(ROE), 영업이익률, 배당성향, 직원 1인당 매출액 가운데 일본 기업이 미국 기업을 앞서는 항목은 배당 성향뿐이며, 나머지 모든 지표에서는 미국 기업이 일본 기업을 크게 웃돈다는 사실을 알 수 있다.

도표4 미일 비교: 기업의 수익 창출 능력 차이

$$자기자본이익률(ROE)(\%) = \frac{순이익}{자기자본}$$

*수익 창출 능력의 척도로 주목받는 지표 중 하나

	닛케이 평균	S&P500
자기자본이익률(ROE)	6.7%	17.9%
영업이익률	8.1%	13.5%
배당성향	50.6%	36.6%
직원 1인당 매출액	4,700만 엔	9,000만 엔

출처: 블룸버그 자료, 마넥스증권 작성. 2023년 데이터. 1미국달러=150엔

도표5 2023년 세계에서 가장 혁신적인 기업 50

1	애플	26	P&G(프록터앤드갬블)
2	테슬라	27	네슬레
3	아마존	28	제너럴 일렉트릭(GE)
4	알파벳(구글)	29	샤오미
5	마이크로소프트	30	하니웰(Honeywell)*
6	모더나	31	소니
7	삼성전자	32	중국석유화공(시노펙, Sinopec)*
8	화웨이	33	히타치
9	비야디(BYD)	34	맥도날드
10	지멘스	35	머크(Merck)
11	화이자	36	바이트댄스(틱톡)
12	존슨앤드존슨	37	보쉬(Bosch)
13	스페이스X	38	델(Dell)
14	엔비디아	39	글렌코어(Glencore)*
15	엑슨 모빌	40	스트라이프(Stripe)*
16	메타(페이스북)	41	사우디 아람코
17	나이키	42	코카콜라
18	IBM	43	메르세데스-벤츠
19	3M	44	알리바바
20	타타그룹	45	월마트
21	로슈	46	페트로차이나(PetroChina)*
22	오라클	47	NTT*
23	바이오엔텍(BioNTech)*	48	레노버
24	쉘	49	BMW
25	슈나이더 일렉트릭	50	유니레버

50개 회사 중 24개는 미국 기업

출처: BCG   *=처음 선출된 기업

참고로 ROE는 주주로부터 모은 자금(자기자본=주주자본)으로 어느 정도의 이익을 올리고 있는지를 나타내는 지표다. 이 수치가 높을수록, 해당 기업이 자본을 효율적으로 활용하여 높은 수익을 올리고 있다는 뜻이다. 수치를 비교해 보면, 미국 기업은 일본 기업보다 수익 창출 능력이 약 2.7배 더 높다는 사실을 알 수 있다.

그 사실은 직원 1인당 매출액만 비교해도 알 수 있다. 일본 기업은 4,700만 엔인 반면, 미국 기업은 9,000만 엔으로 약 2배 차이가 난다. 그만큼 미국 기업의 생산성이 높다는 증거이기도 하다.

이외에도 미국 기업이 우위에 있는 점은 더 들 수 있다.

보스턴컨설팅그룹이 발표한 '2023년 세계에서 가장 혁신적인 기업 50' 랭킹에 따르면, 상위 50위 안에 미국 기업이 무려 24개나 들어가 있다. 특히 1위 애플, 2위 테슬라, 3위 아마존, 4위 알파벳(구글), 5위 마이크로소프트, 6위 모더나까지 모두 미국 기업이 차지했다.

세계 최대 브랜딩 회사인 인터브랜드가 전 세계에서 사업을 전개하는 브랜드를 대상으로, 그 브랜드의 가치를 금액으로 환산해 순위를 매긴 '베스트 글로벌 브랜드 2023'에서도 미국 기업의 강세가 두드러진다. 이 랭킹에 따르면, 1위 애플, 2위 마이크로소프트, 3위 아마존, 4위 구글(기업 이름은 알파벳)까지 모두 미국 브랜드가 차지했다. 참고로 상위 20개 브랜드 중에 미국 브랜드는 14개나 된다.

도표6 'Best Global Brands 2023' 랭킹

세계 최대 브랜딩 회사 인터브랜드가 전 세계에서 사업을 전개하는 브랜드를 대상으로, 그 브랜드의 가치를 금액으로 환산해 순위로 매긴 것

1	애플 (AAPL)	11	맥도날드 (MCD)
2	마이크로소프트 (MSFT)	12	테슬라 (TSLA)
3	아마존 (AMZN)	13	디즈니 (DIS)
4	구글 (GOOGL)	14	루이비통
5	삼성	15	시스코 (CSCO)
6	토요타	16	인스타그램 (META)*
7	메르세데스 벤츠	16	어도비 (ADBE)
8	코카콜라 (KO)	18	IBM (IBM)
9	나이키 (NKE)	19	오라클 (ORCL)
10	BMW	20	SAP

20개 회사 가운데 14개 브랜드가 미국

출처: 인터브랜드   *메타 플랫폼스가 보유

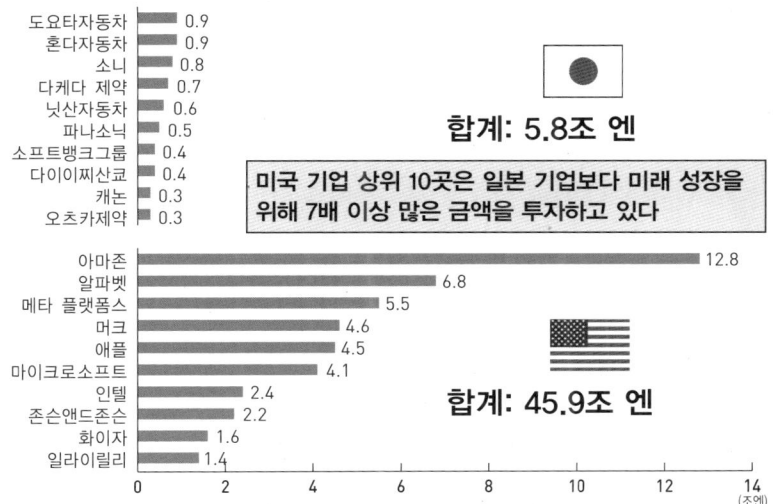

도표7 미일 기업 연구개발비(R&D) 비교

GAFAM은 쌓아 올린 경제적 해자(Economic Moat)를 지키기 위해 꾸준히 막대한 투자를 하고 있다

일본 합계: 5.8조 엔
- 도요타자동차 0.9
- 혼다자동차 0.9
- 소니 0.8
- 다케다 제약 0.7
- 닛산자동차 0.6
- 파나소닉 0.5
- 소프트뱅크그룹 0.4
- 다이이찌산쿄 0.4
- 캐논 0.3
- 오츠카제약 0.3

미국 기업 상위 10곳은 일본 기업보다 미래 성장을 위해 7배 이상 많은 금액을 투자하고 있다

미국 합계: 45.9조 엔
- 아마존 12.8
- 알파벳 6.8
- 메타 플랫폼스 5.5
- 머크 4.6
- 애플 4.5
- 마이크로소프트 4.1
- 인텔 2.4
- 존슨앤드존슨 2.2
- 화이자 1.6
- 일라이릴리 1.4

(조엔)

출처: 블룸버그, 마넥스증권 작성. 2024/2/27 시점 데이터, 환율=150엔/미국 달러로 환산

이러한 미국 기업의 강세는 어디에서 비롯되었을까? 그 핵심에는 미래 성장을 위해 거액의 자금을 아낌없이 투자하는 전략에 있다. 특히 미국 기업들은 연구개발(R&D) 부문에서 압도적인 비용이 있는 것이다.

블룸버그조사에 따르면, 미국 상위 10개 기업의 연구개발비는 환율 1달러=150엔 기준으로 약 45.9조 엔에 달한다. 반면, 일본 상위 10개 기업의 총액은 5.8조 엔이다. 참고로 미국 기업 중에 연구개발비 1위는 아마존으로, 무려 12.8조 엔을 기록했다. 그 뒤를 알파벳 6.8조 엔, 메타 플랫폼스 5.5조 엔이 이었다.

반대로 일본 기업 중에 연구개발비 1위는 토요타자동차와 혼다로 각각 9,000억 엔이었으며, 이어 소니 8,000억 엔, 다케다제약 7,000억 엔, 닛산자동차 6,000억 엔 순이다. 상위권 기업조차 1조 엔을 넘지 못하는 것이 일본의 현실이다.

참고로 이렇게 투입되는 거액의 연구개발비는 단순히 미래 성장을 위한 투자일 뿐만 아니라, 경쟁사에게 추월당하지 않기 위한 경제적 해자를 쌓으려는 목적도 있다.

경제적 해자란 '울타리'를 뜻하는데, 이른바 진입 장벽을 말한다. 특히 미국의 매그니피센트 세븐이라 불리는 초대형 기술 기업들은 막대한 연구개발비를 투입해서 신규 진입자가 같은 분야에 들어오더라도 절대 경쟁에서 밀리지 않을 진입 장벽을 쌓고 있는 것이다.

예를 들어, 지금 일본 기업이 이제부터 아마존과 유사한 사업 모델로 창업한다 해도, 절대로 이길 수는 없을 것이다. 구글 같은 검색 엔진, 페이스북 같은 SNS도 마찬가지다. 타사가 절대로 넘을 수 없는 높은 장벽을 세워 놓으면, 사업의 영속성이 높아진다. 미국의 대표 기업들이 바로 이 진입 장벽을 막대한 연구개발비로 공고히 다지고 있는 것이다.

이런 수치를 보면, 워런 버핏이 '미국의 패배에 걸지 마라'라고 말했던 이유를 알 수 있지 않을까 싶다.

미국, 태생부터 강점을 지닌 나라

이렇게 해서 미국 기업의 강점을 이해할 수 있었을 것이다. 그것은 미국이라는 나라가 원래부터 갖고 있던 근본적인 힘 덕분이라고 할 수 있다.

먼저 자원과 에너지 관점에서 살펴보면, 미국은 세계 최대의 산유국이다. 산유국이라 하면 흔히 사우디아라비아 같은 중동 국가를 먼저 떠올리기 쉽다. 그러나 미국 에너지 정보청(EIA)의 자료에 따르면, 석유 생산량 상위 10개국 가운데 1위는 미국이며, 하루 산유량은 1,898만 배럴에 달한다. 이는 전 세계 석유 생산량의 약 20%를 차지하는 규모다.

사실 미국의 산유량은 2008년까지 감소하는 추세를 보였다. 그러나 기술 혁신으로 셰일층에서 원유와 천연가스를 추출할 수 있게 되면서 2017년부터는 세계 최대의 원유 생산국이 되었다.

참고로 석유 생산량 2위는 사우디아라비아로 하루 산유량이 1,084만 배럴이며, 3위 러시아는 1,078만 배럴이다. 이를 보면 미국의 산유량이 얼마나 독보적인지 알 수 있다.

최근에는 지구 환경 문제로 석유를 비롯한 화석 연료 사용을 줄이려는 움직임이 있지만, 그래도 여전히 석유는 경제를 움직이는 핵심 자원이자 에너지원이라는 사실은 변함이 없다. 일본은 석유를 거의 생산하지 못해 해외 수입에 전적으로 의존할 수밖에 없다. 그만큼 지정학적 리스크의 영향을 받게 된다. 이 점에서, 자국 내에서 세계 최대의 석유 생산량을 유지하는 미국은 그 자체로 막강한 이점을 가진 셈이다.

또한 석유만큼이나 나라에 중요한 것이 바로 식량이다. 먹을 것이 없으면 사람은 살아갈 수 없다. 칼로리 기준으로 본 식량 자급률에서 미국은 무려 121%에 달한다.

순위를 보면 캐나다 233%로 1위, 호주가 169%로 2위, 프랑스가 131%로 3위이며, 미국은 4위다. 그래도 식량 자급률이 121%라는 것은 자국민의 배를 충분히 채우고, 나아가 해외에 수출할 여력까지 있다는 의미다.

반면 일본의 식량 자급률은 38%에 불과해, 식량 대부분을 해외 수입에 의존하는 실정이다. '식량 안보'라는 표현이 있듯, 해외 수입 의존도가 높은 나라는 위기 상황에서 해외 수입이 끊길 경우 심각한 위험에 처할 우려가 있다. 이 점에서 미국은, 다소 극단

도표8 석유 생산량&소비량 상위 10개국 (2021년)

세계 석유 생산량 상위 10개국			석유 소비량 상위 10개국		
	100만 배럴/일	세계 점유율		100만 배럴/일	세계 점유율
미국	18.98	20%	미국	19.89	21%
사우디아라비아	10.84	11%	중국	14.76	15%
러시아	10.78	11%	인도	4.79	5%
캐나다	5.54	6%	러시아	3.67	4%
중국	4.99	5%	일본	3.41	4%
이라크	4.15	4%	사우디아라비아	3.35	3%
아랍에미리트	3.79	4%	브라질	2.96	3%
브라질	3.69	4%	한국	2.58	3%
이란	3.46	4%	캐나다	2.26	2%
쿠웨이트	2.72	3%	독일	2.13	2%
상위 10개국 합계	68.92	72%	상위 10개국 합계	59.8	62%
세계 합계	95.7		세계 합계	96.66	

출처: 미국 에너지 정보청(EIA), 마넥스증권 작성

도표9 2019년 국가별 식량 자급률(칼로리 기준)

캐나다	233
호주	169
프랑스	131
미국	121
독일	84
스페인	82
스웨덴	81
영국	70
네덜란드	61
이탈리아	58
스위스	50
노르웨이	43
일본	38
한국	35
대만	32

출처: 농림수산성, 마넥스증권 작성

도표10 방위비 예산 순위(2023년)

(단위: 조 엔)
1달러=130엔으로 환산

1	미국	99.0	11	일본	5.2
2	중국	29.9	12	이탈리아	4.8
3	러시아	10.7	13	캐나다	4.7
4	인도	7.0	14	우크라이나	3.9
5	독일	6.8	15	아랍에미리트	3.3
6	호주	6.8	16	터키	3.3
7	영국	6.5	17	이스라엘	3.2
8	사우디아라비아	6.0	18	폴란드	2.7
9	프랑스	6.0	19	브라질	2.4
10	한국	5.5	20	대만	2.4

출처: 글로벌 파이어파워, 마넥스증권 작성

적으로 말해 해외에서 각종 물자가 들어오지 않는 상황이 닥치더라도 자국민을 굶주리게 하지 않을 수 있는 나라다.

국방력에서도 미국은 세계 최강의 군사력을 보유하고 있다. 2023년 방위비 예산 순위를 보면, 미국은 1달러를 130엔으로 환산했을 때 99조 엔에 달한다. 2위인 중국은 29.9조 엔, 3위 러시아는 10.7조 엔으로, 그 격차는 압도적이다. 참고로 일본의 방위비는 고작 5.2조 엔 수준이다. 물론 모든 국가는 평화를 원하지만, 현실적으로 눈을 돌리면 해외의 위협은 존재한다. 특히 최근 몇 년간 지정학적 리스크가 높아지는 추세이므로, 방위비 예산은 국가의 평화와 번영을 지키는 데 필수적인 요소가 되고 있다.

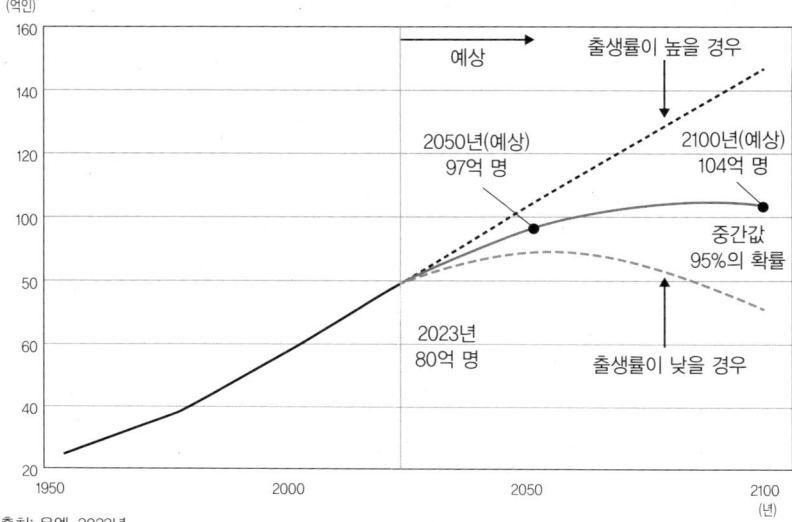

이 또한 인구와 관련이 있는데, 인구의 연령 중앙값에도 주목해 보자. 일본의 인구 연령 중앙값은 2020년 48.4세, 2030년 52.1세, 그리고 2050년에는 54.7세에 이를 것으로 전망된다. 연령 중앙값이란 인구를 연령별로 나열했을 때, 가장 인구가 많은 연령층을 말한다.

미국은 2020년 38.3세, 2030년 39.9세, 2050년에는 42.7세가 될 것으로 예상된다.

2050년을 기준으로 보면, 일본은 54.7세이고 미국은 42.7세다. 이 차이는 매우 크리라 본다. 일본은 고령층 인구가 중심을 이루는 반면, 미국은 여전히 중년층이 주축이다. 42.7세는 소득이 높고 소비가 활발한 연령이다. 이렇게 소득과 소비가 높은 연령층이 2050년 시점에도 인구 구성의 중심이 된다는 뜻이니, 미국의 경제력은 쉽게 쇠퇴하지 않을 것이다.

이는 세계 GDP 순위를 봐도 분명하다. 미국 골드만삭스가 발표한 세계 GDP 국가별 전망에 따르면, 1980년부터 2022년까지 미국은 줄곧 1위를 지켜왔다. 일본은 2000년까지 2위를 유지했으나, 2022년 중국에 추월당해 3위로 내려갔다. 이후 2050년에는 6위, 2075년에는 12위까지 하락할 것으로 예상된다.

그러나 미국은 2050년에는 중국에 추월당해 세계 정상 자리에서 내려올 전망이다. 그렇다고 해도 여전히 2위를 유지하며, 2075년에도 세계 3위의 GDP 규모를 보일 것으로 예상된다. 이것

도표13 세계 GDP 순위 예상

순위	1980년	2000년	2022년	2050년	2075년
1	미국	미국	미국	중국	중국
2	일본	일본	중국	미국	인도
3	독일	독일	일본	인도	미국
4	프랑스	영국	독일	인도네시아	인도네시아
5	영국	프랑스	인도	독일	나이지리아
6	이탈리아	중국	영국	일본	파키스탄
7	중국	이탈리아	프랑스	영국	이집트
8	캐나다	캐나다	캐나다	브라질	브라질
9	아르헨티나	멕시코	러시아	프랑스	독일
10	스페인	브라질	이탈리아	러시아	영국
11	멕시코	스페인	브라질	멕시코	멕시코
12	네덜란드	한국	한국	이집트	일본
13	인도	인도	호주	사우디아라비아	러시아
14	사우디아라비아	네덜란드	멕시코	캐나다	필리핀
15	호주	호주	스페인	나이지리아	프랑스
상위 15개국 가운데 신흥국의 비율	33%	33%	40%	60%	67%

출처: 골드만삭스, 마넥스증권 작성

이야말로 미국 경제의 저력이라고 봐도 좋을 것이다.

또 하나 주목할 만한 흐름이 있다. 바로 GDP 상위 15개국에서 차지하는 신흥국 비율이다.

1980년에는 GDP 상위 15위개국 중 신흥국 비율이 33%에 불과했지만, 2050년에는 60%, 2075년에는 67%로 꾸준히 늘어날 전망이다. 이는 그만큼 신흥국 경제가 눈부시게 성장하고 있다는 방증이다.

나중에 다시 설명하겠지만, 앞으로의 자산 운용 포트폴리오에는 신흥국을 편입하는 전략이 자산을 불리는 중요한 열쇠를 쥐게 될 것이다.

개인 금융 자산 2,000조 엔, 그러나……

그런데 여러분은 일본의 가계가 보유한 금융 자산은 얼마인지 아는가?

2024년 3월 말 시점에서 그 규모는 2,199조 엔이다. 이 수치는 일본은행이 분기별로 발표하는 '자금 순환 통계'에 기재되어 있다.

2,199조 엔이라 하면 어마어마한 금액으로 보일 수 있다. 그러나 실제로 일본의 가계 금융 자산 규모는 그리 대단한 수준이 아니다.

일본과 미국을 비교해 보자. 2001년 당시 일본의 가계 금융 자산은 1,410조 엔이었다. 그런데 2023년에는 2,043조 엔으로 늘었다. 22년 동안 1.44배 오른 것이다.

그렇다면 미국은 어떨까? 2001년 당시 미국의 가계 금융 자산은 4,258조 엔으로, 이미 일본을 크게 앞서 있었다. 미국과 일본의 인구가 3배 가까이 차이가 나는 점을 감안하면, 당시 가계 금융 자산도 미국이 3배가량 많았던 것도 당연한 이치다.

그런데 2023년 시점에는 어떻게 변화했을까. 앞서 언급한 대로 일본의 가계 금융 자산이 2,043조 엔인 반면, 같은 시기 미국은 무려 1경 7,145조 엔에 달했다. 비율로 환산하면, 미국의 가계 금융 자산은 일본의 약 8.4배나 되는 것이다.

즉, 지난 21년간 미국과 일본의 가계 금융 자산 격차는 상상 이상의 수준으로 벌어지고 말았다.

왜 이렇게까지 차이가 커졌을까? 다소 직설적으로 들릴 수도 있는데, 미국인이 부지런히 저축하는 모습은 쉽게 떠오르지 않는다. 실제로 저축률 통계를 보면, 2024년 6월 기준 미국의 가계 저축률은 3.4%에 불과하다. 2001년 12월에도 3.7%였고, 리먼 브라더스 사태가 있었던 2008년 10월 무렵에는 6% 대로 상승했다가 이후 2012년 12월에는 10.9%까지 오른 적이 있었지만, 평균적으로는 대체로 3~4% 전후의 추이를 보였다.

그렇다면 일본의 저축률은 어떨까? 미국에서조차 최고치가 10.9%였으니 일본의 저축률도 그리 높지 않을 것이라고 생각하는 사람도 있을 것이다.

연도별 가계 저축률 추이를 살펴보면, 일본 역시 결코 높은 편은 아니다. 특히 2013년부터 2015년까지는 저축률이 마이너스를 기록한 시기도 있었다. 그럼에도 2001년부터 2023년까지의 평균

도표14 미국인과 일본인의 금융 자산 비교

	2001년	2023년
일본	54.0%	54.2%
미국	11.0%	12.6%

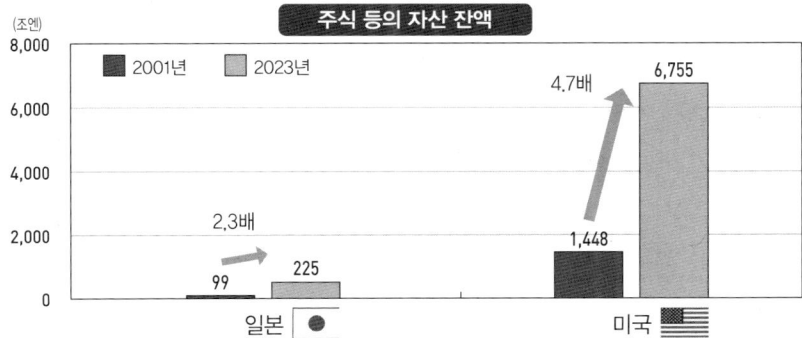

※2001년 수치는 12월 말 기준 / 2023년 수치는 3월 말 기준·환율은 2001년: 1미국 달러=131엔, 2023년: 1미국 달러=150엔으로 계산
출처: 일본은행 조사 통계국 자료, 마넥스증권 작성

제2장 미국 주식, 왜 투자해야 하는가

저축률은 2.7%로, 미국과 비교했을 때 크게 뒤처지는 수준은 아니다. 그런데도 가계 금융 자산 총액에서 약 8.4배나 차이가 나는 것이다. 이처럼 큰 차이가 생긴 이유는 뭘까? 그것은 가계 금융 자산에서 주식이 차지하는 비중의 차이, 즉 반대로 말하면 현금과 예금 비중의 차이 때문이다.

이번에는 현금과 예금의 비중을 비교해 보자. 일본은 2001년 54.0%, 2023년 54.2%로 거의 변동이 없다. 이는 가계 금융 자산이 늘어나는 만큼, 현금과 예금의 규모도 함께 늘어난 결과다.

반면, 미국의 현금과 예금 비율은 2001년 11.0%, 2023년 12.6%로 소폭 증가했지만, 보유 비율 자체가 낮다. 대신 미국 가계는 주식이나 투자신탁 비중이 높다.

2001년부터 2023년까지 미국 주가가 큰 폭으로 상승하는 과정에서, 미국 가계의 금융 자산 규모 역시 크게 확대됐다. 이는 미국과 일본의 가계 금융 자산 규모에 거대한 격차가 발생한 가장 큰 요인이라고 해도 좋을 것이다.

이제 앞으로 우리가 무엇을 해야 하는지 감이 왔으리라 믿는다. 그것은 바로 미국 주식에 투자하는 것이다. 현재는 투자신탁뿐만 아니라, 미국 주식에도 직접 투자할 수 있도록 갖춰져 있다. 여러분의 포트폴리오에 미국 주식을 편입할 경우, 물론 투자 비중에 따라 달라지겠지만 미국 가계 금융 자산이 보여준 것처럼 장기적으로 자산을 크게 불릴 수 있는 기회를 잡을 수 있다.

302배 성장한 주가지수

　다만 미국 주식으로 자산을 불리려면 무엇보다 미국 주가가 상승해야 한다. 일각에서는 '미국 주식은 거품 상태다', '머지않아 사상 최대치로 대폭락할 것이다'라며 앞날을 우려하는 목소리가 들리기도 한다.

　미국 주식 동향을 대표하는 지수 가운데 가장 잘 알려진 것은 단연 'S&P500'일 것이다. 뉴욕 다우존스 공업주 30종 평균도 유명하지만, 이름 그대로 불과 30개 종목의 평균 주가이기 때문에 미국 주식시장 전체의 방향성을 나타내는가 묻는다면 의문이 살짝 남는다.

　실제로 미국 주식을 대상으로 액티브 운용을 하는 펀드들이 벤치마크로 삼는 지수 역시 대부분 S&P500이다.

　그럼 S&P500이 지금까지 어떤 추이를 보여 왔는지 살펴보자.

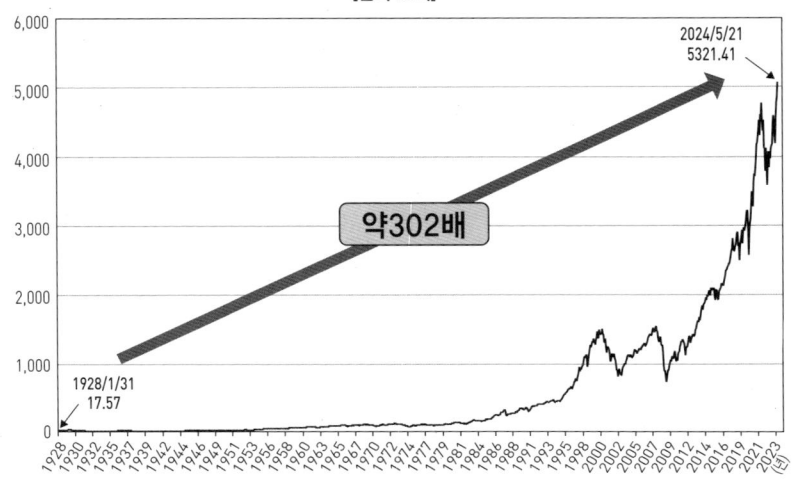

도표15 1928년부터 S&P500의 추이
[달러 표시]

출처: 블룸버그, 마넥스증권 작성

먼저 초장기 추이를 보면, 1928년 1월 31일 S&P500 지수는 17.57포인트였다. 이 지수는 2024년 5월 21일에 5,321.41포인트까지 치솟았고, 이는 95년 동안 약 302배 오른 수치다.

물론 95년이라는 기간은 현실적인 투자 기간으로 보기 어려우니 조금 더 짧은 기간으로 범위를 좁혀보자. 1983년 12월 30일부터 2024년 2월 25일까지 40년 2개월 동안, S&P500은 약 28배 상승했다. 가령 1983년 12월 30일에 100만 엔을 S&P500에 투자했다면, 환율 변동을 고려하지 않을 경우 약 2,800만 엔이 된다는 계산이다.

주목해야 할 부분은 상승 폭뿐만이 아니다.

이 28년 동안, 미국 주식시장에서는 수많은 리스크 이벤트가 발생했다. 1987년 블랙 먼데이, 1990년 걸프 전쟁, 1996년 아시아 금융 위기, 2000년 닷컴 버블 붕괴, 2001년 9.11 테러, 2008년 리먼 브라더스 사태로 촉발된 글로벌 금융 위기 등, 그 수가 너무 많아 일일이 헤아리기 어려울 정도다. 이러한 사건이 발생할 때마다 미국 주가는 크게 하락했다.

하지만 그 모든 시련을 거듭 극복하며 꾸준히 상승해 온 것도 미국 주식인 것이다.

블랙 먼데이, 닷컴 버블 붕괴, 리먼 브라더스 사태 등, 당시에는 마치 세상의 종말이 온 듯 대소동이 벌어졌다. 그러나 장기 차트를 다시 보면, 블랙 먼데이조차 하락폭이 그리 크지 않아 보인다. '100년에 한 번 올 위기'라고까지 불렸던 리먼 브라더스 사태조차 결국 극복했고, 그 이후 한층 더 크게 도약한 S&P500의 추이를 확인할 수 있을 것이다.

물론 '지금까지는 폭락을 마주하면서 극복하고 상승해 왔지만, 미래는 어떻게 될지 모른다'라는 의견도 있을 것이다. 실제로 향후 주가가 어떻게 전개될지는 아무도 예측할 수 없다.

하지만 과거를 돌아보면, '지금까지 위기를 극복하고 상승해 왔다지만, 앞으로는 알 수 없다'는 말은 시장이 큰 폭락을 겪은 국면마다 도돌이표처럼 반복되어 왔다. 그럼에도 S&P500은 한층 더 높은 고지를 향해 상승해 온 것이다.

미국 주가는 정말 하락할까?

현재 미국 주가를 둘러싸고 가장 우려되는 부분은 지금이 버블의 절정기일 수 있다는 점이다.

하지만 버블을 정의하자면, 실태가 전혀 없는 것에 높은 가격이 붙거나, 혹은 가치에 비해 과도하게 높은 금액이 책정되는 상태를 말한다.

예를 들어 설명하면, 실제 가치가 100엔 수준인 상품이 시장에서 1,000엔에 거래된다면 차액인 900엔이 거품이며, 이 거품이 터지면 가격은 단숨에 10분의 1 수준으로 떨어진다. 즉, 가격이 본질적인 가치에 맞춰 조정되는 것이다.

그렇다면 지금의 미국 주가는 정말 거품일까?

주가에서 거품이란, 기업 실적만으로는 설명할 수 없을 정도로 주가가 비정상적으로 상승한 상태를 가리킨다. 예를 들어, 1980년

대 일본 경제 버블기에는 닛케이 평균 주가가 사상 최고치인 38,915엔을 기록했는데, 당시 PER(주가 수익 비율)은 60배를 넘어섰다. PER이 60배라 함은, 앞으로 60년간 벌어들일 이익을 모두 반영해 현재 주가가 형성되었다는 뜻이다. 그리고 이를 유지하려면 실적이 훨씬 더 크게 늘어나야만 PER 60배를 설명할 수 있다. 그러나 현실적으로는 이를 뒷받침하지 못했고, 결과적으로 닛케이 평균 주가는 1990년대의 막이 열리자마자 폭락했다.

마찬가지로 미국 기업들의 실적이 악화되어 이익이 정체되거나 감소하는 상황에서 S&P500 지수가 5,000포인트를 넘어선다면, 이는 거품의 우려가 있다.

그러나 당장 미국 기업들의 실적을 보면, 걱정은 넣어 두어도 좋을 것 같다. S&P500에 포함된 500개 종목의 EPS(주당 순이익) 성장률 전망치를 보면 분명 안심할 수 있을 것이다. 분기별 추이를 따라가 보면, 2022년 4분기부터 2023년 2분기까지 EPS는 전년 동기 대비 마이너스를 기록했다. 이는 해당 기간 동안 미국 기업들의 실적이 악화되었다는 것을 의미한다.

EPS가 다시 플러스로 전환된 시점은 2023년 3분기이며, 이후에는 매출 호조가 이어질 것으로 전망된다. 2025년 1분기 EPS 성장률 예상치는 전년 동기 대비 +13%다. 이 정도로 실적이 증가했다면, 주가가 다소 상승했다고 해도 이를 버블이라 단정하기에는 무리가 있다.

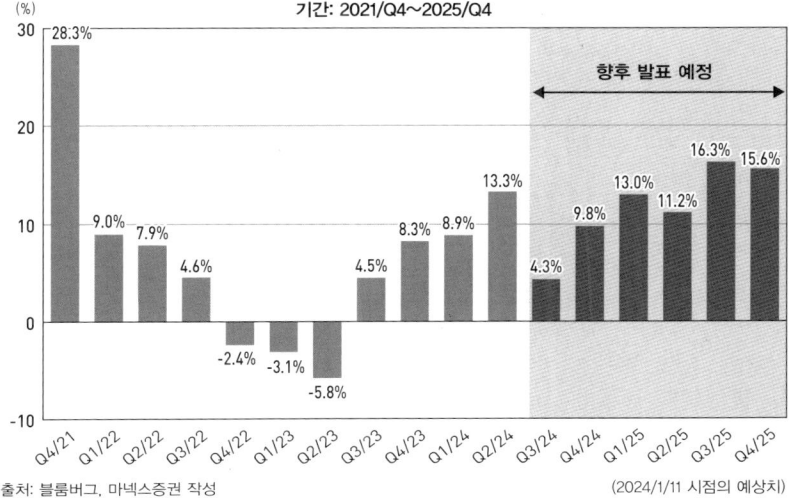

도표17 미국 기업 실적 전망
S&P500 EPS 성장률 예상 전년 동기 대비 [분기별]
기간: 2021/Q4~2025/Q4

출처: 블룸버그, 마넥스증권 작성 (2024/1/11 시점의 예상치)

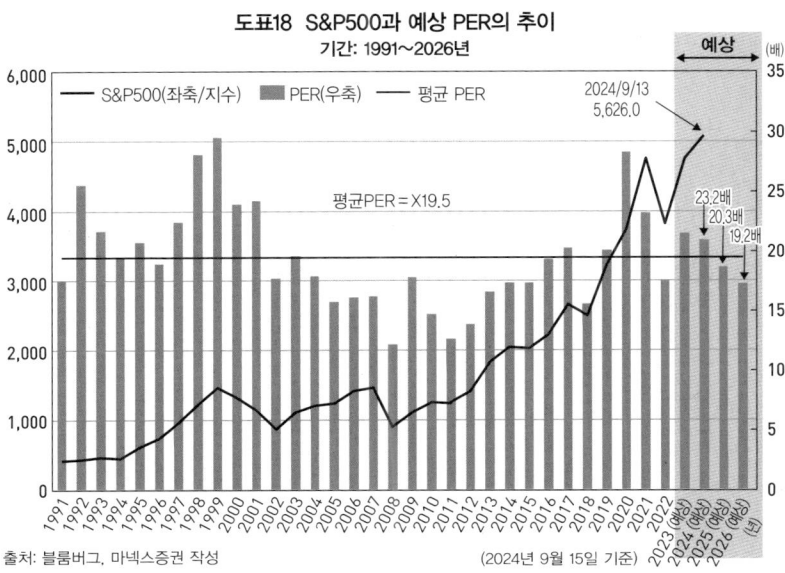

도표18 S&P500과 예상 PER의 추이
기간: 1991~2026년

출처: 블룸버그, 마넥스증권 작성 (2024년 9월 15일 기준)

제2장 미국 주식, 왜 투자해야 하는가

그렇다면 현재 S&P500이 높은 수준인지 생각해 보자.

도표17에 1991년부터 2022년까지의 실적 PER과 2023년부터 2026년까지의 예상 PER을 막대그래프로 나타냈다. 이 기간 전체를 통틀어 평균 PER은 19.5배다. 이 값을 웃돌면 PER이 살짝 비싼 구간이며, 밑돌면 살짝 저평가 구간으로 볼 수 있다.

2020년의 실적 PER은 평균을 살짝 넘었다. 이는 당시 시장이 다소 비싼 수준에서 거래되었다는 사실을 보여준다.

그러나 거기에서 흥미로운 것이 2025년과 2026년의 예상 PER 모두 하락 추세를 보이며, 2026년 예상 PER은 19.2배로 평균을 밑돈다는 사실이다.

예상 PER이 하락하는 이유는 앞으로 미국 기업의 실적이 회복할 것으로 전망되기 때문이다. 2025년은 전년 대비 14%, 2026년은 12%의 이익 증가가 예상된다(2024년 10월 11일 기준). 이만큼 실적이 오르면, 자연스럽게 예상 PER 수치도 낮아지게 된다.

이처럼 실적이 뒷받침되는 상황에서 S&P500 수준을 버블이라 단정하기는 어렵다. 게다가 2026년 예상 PER은 과거 35년 평균치를 밑도는 수준으로 전망된다.

이러한 점을 감안하면, 현재 미국 주식은 여전히 견조한 흐름을 이어가고 있다고 평가할 수 있다.

미국 주식에 투자했더니
재산이 얼마나 늘었을까?

투자에 '만약'은 없지만, 실제로 S&P500에 투자했을 때 자산이 얼마나 불어났는지 수치로 확인해 보자.

2003년 12월 말부터 2024년 9월 말까지 약 20년 동안, S&P500에 매월 말 1만 엔씩 적립식 투자를 했다면, 매매 차익을 포함한 총액은 얼마나 될까?

참고로 이 금액은 모두 엔으로 환산한 수치이며, 환율 변동에 따른 손익까지 모두 반영된 총액이다.

먼저 투자 원금을 계산해 보자.

20년 10개월, 총 250개월 동안 매월 1만 엔씩 적립 투자했으므로 투자 원본은 250만 엔이다.

이 기간 동안 S&P500이 상승하며 매매 차익까지 포함한 총액은 1,488만 엔에 달했다.

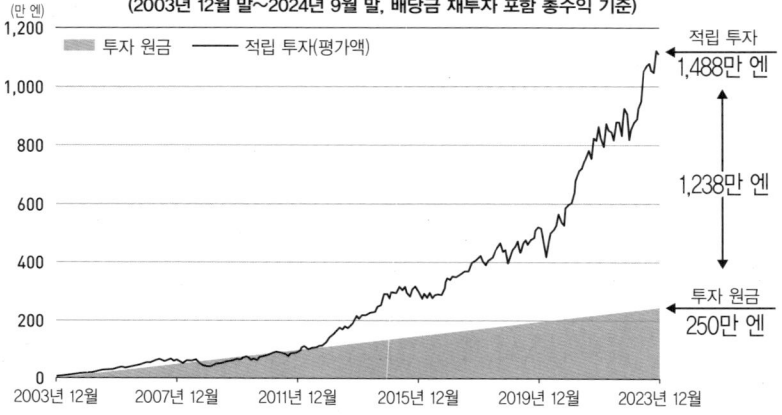

도표19 미국 주식(S&P500)에 월말 1만 엔을 20년간 적립 투자한 경우
(2003년 12월 말~2024년 9월 말, 배당금 재투자 포함 총수익 기준)

※ 본 자료는 엔화 기준 지수(배당 포함)를 기반으로, 마넥스증권이 일정 기간, 일정 금액을 적립 투자했다고 가정하여 산출했습니다. 금액은 반올림하여 표시했습니다.
※ 본 자료는 시뮬레이션이며, 실제 운용 결과와 다를 수 있습니다. 따라서 구체적인 운용 성과를 시사하거나 보증하지 않습니다.
※ 세금과 수수료는 반영하지 않았습니다.
출처: 블룸버그 데이터, 마넥스증권 작성

참고로 2003년 12월 말의 환율은 1달러=107.76엔으로, 현재 수준에 비하면 상당한 엔고였다. 이후 1달러=70엔대까지 엔고가 진행된 시기도 있었기에, 엔화 기준으로 본 S&P500의 퍼포먼스는 낮을 수밖에 없었다. 이 시점에서 한때는 1달러=160엔에 달하는 엔저 구간이 나타나면서, 엔화 기준 퍼포먼스가 한층 더 상승하는 효과를 가져왔다.

매월 1만 엔씩 20년 동안 꼬박꼬박 적립하기만 해도, 투자 원금을 크게 웃도는 1,488만 엔의 자산을 쌓을 수 있었다.

게다가 개별 종목 투자를 할 때는 번거롭게도 종목 분석을 반드시 해야 하는데, 그럴 필요 없이 S&P500만 꾸준히 샀다.

도표20 미국 주식(S&P500)에 월말 3만 엔을 20년간 적립 투자한 경우
(2003년 12월 말~2024년 9월 말, 배당금 재투자 포함 총수익 기준)

※본 자료는 엔화 기준 지수(배당 포함)를 기반으로, 마넥스증권이 일정 기간, 일정 금액을 적립 투자했다고 가정하여 산출했습니다. 금액은 반올림하여 표시했습니다.
※본 자료는 시뮬레이션이며, 실제 운용 결과와 다를 수 있습니다. 따라서 구체적인 운용 성과를 시사하거나 보증하지 않습니다.
※세금과 수수료는 반영하지 않았습니다.
출처: 블룸버그 데이터, 마넥스증권 작성

    이 시뮬레이션의 시작점인 2003년 당시에는 일본 내에서 S&P500에 투자할 수 있는 수단이 그리 많지 않았다. 그러나 지금은 인덱스형 투자신탁과 ETF 등 S&P500을 추종하는 상품이 다양하게 마련되어 있다.

    예를 들어 마넥스증권에서는 매월, 또는 매일 최소 100엔부터 투자할 수 있어, 누구나 손쉽게 자산 형성을 시작할 수 있는 환경이 갖춰졌다.

    참고로, 자산을 더 불리고 싶은 투자자는 매월 적립 금액을 1만 엔에서 조금만 늘려도 된다.

    예를 들어 S&P500을 매월 3만 엔씩 20년 10개월 동안 꾸준히 매수하면, 투자 원 750만 엔이 매매 차익까지 포함해 총 4,465만 엔으로 불어난다. 최근 화제가 된 '노후 2,000만 엔 문제' 역시 이처럼 S&P500 적립 투자를 지속한다면, 걱정할 필요가 없다고 해도 과언이 아니다.

이 책에서 종종 인용, 언급하는 워런 버핏은 2019년 CNN 인터뷰에서, '내가 세상을 떠난 뒤 아내에게 남길 재산의 90%를 오직 S&P500에 투자하도록 재산 관리인에게 지시했다'고 밝힌 바 있다.

미국 기업의
독보적인 수익 창출력

이 내용은 지난번 출간한 책에서도 다룬 적 있는 항목인데, 이번에는 최신 데이터로 업데이트해 다시 비교해 봤다.

먼저 미일(美日) 기업을 비교하면, '돈을 버는 힘'이라는 측면에서 미국 기업이 일본 기업보다 뛰어난 점이 매우 많다. 이러한 차이 때문에 일본 기업에 비해 미국 기업의 주가가 더 높은 수준에서 거래되는 것이다.

먼저 최신 데이터를 살펴보자. 1989년 12월 29일부터 2024년 2월 27일까지, S&P500 편입 종목과 도쿄증권 주가지수(TOPIX) 편입 종목 중 가장 높은 수익률을 기록한 상위 10개 기업의 퍼포먼스를 비교했다. 여기서 산출한 수익률은 단순히 1989년 12월 29일의 주가와 2024년 2월 27일의 주가를 단순히 비교한 값이 아니다. 해당 기간에 지급된 배당금과, 주식 분할로 인

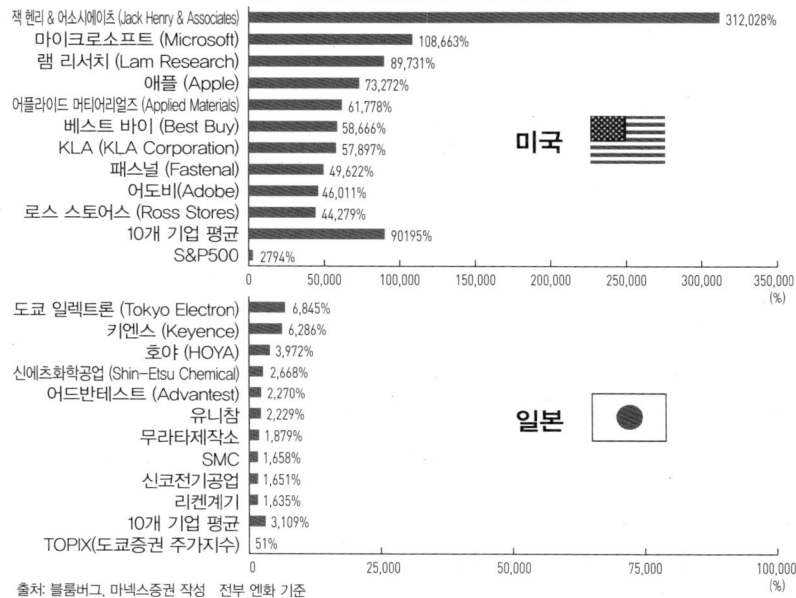

한 주식 수 증가분까지 모두 반영한 수치다. 따라서 실제 투자자가 받게 되는 총수익 기준의 퍼포먼스라는 사실을 유념하자.

물론, 일본에도 우수한 기업은 많다. 이러한 기업들은 비록 일본이 버블 붕괴와 장기 디플레이션 속에서 어려운 시기를 겪는 동안에도 뛰어난 실적을 기록해 왔다.

대표적인 사례가 도쿄 일렉트론으로, 무려 6,845%의 수익률을 기록했다. 이밖에도 키엔스 6,286%, HOYA 3,972%, 신에츠화학공업 2,668% 등 매우 높은 성과를 거둔 기업들이 있었다. 6,845%

는 약 69배에 해당하므로, 1989년 12월 29일에 도쿄 일렉트론에 100만 엔을 투자했다면 지금쯤 6,900만 엔이 된다는 계산이다.

하지만 S&P500에 편입된 종목의 베스트 퍼포먼스를 보면, 일본 기업의 최고 성과와는 비교조차 되지 않을 만큼 압도적으로 높다는 사실에 깜짝 놀랄 것이다. 금융기관용 IT서비스를 제공하는 잭 헨리&어소시에이츠의 수익률은 무려 31만 2,028%로, 35년 동안 3,000배 이상 불어난 셈이다. 만약 1989년 말에 100만 엔을 투자했다면, 현재 30억 엔이 넘는 자산이 되었을 것이다.

이 회사는 독보적이라 치더라도, 그럼에도 다른 기업들도 매우 높은 수익률을 보였다. 마이크로소프트는 10만 8,663%, 램 리서치는 8만 9,731%다. 일본의 기업들과는 자릿수가 다르다.

게다가 여기에 덧붙이고 싶은 것이 있다. 바로 지난번 출간한 책과의 비교다. 전작에서는 1989년 12월 말부터 2020년 7월 28일까지 31년간의 퍼포먼스를 비교했는데, 당시 잭 헨리&어소시에이츠의 수익률은 30만 1,874%였다. 즉, 그 후 4년 동안 이 회사의 수익률이 1만 154%나 올랐다는 뜻이다.

마이크로소프트 역시 전작에서는 5만 2,045%였는데, 이후 4년 동안 10만 8,663%까지 올라 배 이상의 퍼포먼스 향상을 보였다. 미국 경제의 성장에 가속도가 붙은 듯한 모습이다.

어떻게 해서 돈을 버는 힘이 이렇게까지 차이가 날까? 본질적으로는 기업 문화 차이로 귀결될지도 모르겠다.

최근에는 점차 무너지고 있다 해도, 일본의 대기업들은 여전히 종신 고용 제도를 유지하려고 한다. 이 제도 아래에서는 정년까지 신분이 보장되고, 거대한 조직에서 안정적으로 일할 수 있다.

근로자 입장에서는 안심할 만한 제도라 할 수 있다. 그러나 지나치게 안심하게 되면 사람은 나태해지기 마련이다. '대충 일하고 월급이나 받자'라는 생각이 머리를 지배하게 되는 것이다. 일종의 '도덕적 해이'인 것이다.

반면 미국 기업은 성과 중심이다. 실적을 올리면 거액의 보너스를 받을 수 있지만, 실적이 악화되거나 성과를 내지 못하면 순식간에 해고를 당하기도 한다. 예컨대 어떤 외국계 증권회사에서는 영업사원 10명이 영업 실적을 겨루게 해서 일정 기간 후 성적이 낮은 하위 3명을 해고. 이후 우수한 영업사원을 새로 채용해 다시 10명을 채운 뒤, 동일한 경쟁을 반복한다는 이야기를 들은 적이 있다.

이것은 극단적인 사례일지도 모른다. 하지만 그렇게 성과에 맞는 보수와 대우를 받을 수 있는 동시에, 기업에도 점점 근육이 붙는 것이다.

또한 미국 기업에는 유연성이 높다는 특징도 있다. 말을 달리하자면, '달리면서 수정하는 경향'이 강하기 때문에 의사 결정 과정이 매우 빠르다.

태국의 한 기업 매니저에게서 이런 이야기를 들었다. 그 회사는 조건만 맞으면 공장을 매각할 의사가 있어 먼저 일본 기업과 교섭을 시작했다. 하지만 수차례 미팅을 거듭했는데도 이렇다 저렇다 말만 길어질 뿐, 결론이 나질 않았다.

이래서는 끝이 안 나겠다 싶었던 매니저는 협상 대상으로 미국 기업도 포함해 미팅을 했는데, 불과 사흘 만에 결론이 나면서 결국 미국 기업에 매각하기로 했다는 것이다.

빠른 의사 결정은 미국 기업의 강점이다. 품의서를 작성하여 절차를 하나하나 밟아 가며 결정까지 끌고 가는 일본식 방법도 좋은 면이 있다. 목표를 굳히고 프로젝트가 시작되면 현장부터 매니저, 임원까지 의사를 확실히 다진 상태에서 추진하기 때문에 방향성만 틀리지 않는다면 한 치의 흐트러짐 없이 일을 밀고 나간다는 강점이 있다. 그러나 이는 양날의 검과도 같다. 결재 과정을 통해 기반을 단단히 다진다는 장점이 있는 반면, 프로젝트 진행 과정에서 예기치 못한 상황이 발생했을 때는 즉각 대응하기 어렵다는 문제가 따른다.

무엇보다 오늘날의 비즈니스 환경에서 의사 결정이 늦어지는 것은 치명적이다. 실제로 현장을 잘 아는 사람들은 이해하겠지만, 지금의 비즈니스 속도는 과거에 비해 몇 배나 빨라졌다. 결국 현장에서 매니저, 임원, 경영진까지 결재가 올라가는 사이에, 의사 결정이 빠른 미국 기업은 좋은 기회를 먼저 채 가게 되는 것이다.

반대로, 달리면서 생각하는 미국 기업은 돌발 상황이 생기더라도 즉각 대응한다. 플랜A가 안 되면 플랜B, 그것마저 실패하면 곧바로 플랜C를 내놓으며 프로젝트 완수를 추진한다. 상황에 맞게 유연한 대응을 할 수 있다는 장점을 살려, 미국 기업은 성공 확률이 60% 정도만 되더라도 과감히 실행에 옮겨 빠르게 진행시키는 것이다.

이 모든 차이가 결국 '돈을 버는 힘'의 격차로 나타난다.

1989년 세계 시가총액 순위를 보면, 상위 10개 기업 중 7개를 일본 기업이 차지했다. 참고로 당시 1위는 NTT로 시가총액이 1,638억 6,000만 달러였다.

그러나 2024년 7월의 순위를 보면 상위 10개 기업 중 9개가 미국 기업이고, 1위 애플의 시가총액은 무려 3조 4,053억 9,300만 달러에 이른다.

불과 30년 전만 해도 일본식 방식으로 세계를 석권할 수 있었지만, 디지털화, 정보화, 글로벌화가 급속히 진전된 지금은 30년 전의 성공 경험을 답습하는 일본 기업이 나갈 수 있는 무대가 지극히 제한적이다. 오늘날의 비즈니스 환경은 그야말로 미국 기업의 독무대다. 그리고 그 배경에는 미국 기업 특유의 기업 문화가 자리하고 있으며, 그것이 '돈을 버는 힘'을 한층 더 공고히 만드는 원동력이 되고 있다.

제3장

포트폴리오의 콘셉트는 'SNE'

*SNE는 'S&P500' 'NASDAQ100' 'Emerging'의 머리글자를 따서 저자가 만든 말로 여기서 'Emerging'(이머징)은 신흥국을 말함

미국
주식
투자

포트폴리오와 장기 보유

투자 시장에는 크게 '단기 매매'와 '장기 보유'라는 두 가지 방식이 있다.

이 중 단기 매매는 주가 자체를 사고 파는 방식으로, 시시각각 변하는 가격 흐름을 주시하며 매매를 반복해 이익을 올리는 투자법이다. 앞서 언급했듯이, 타이밍을 정확히 잡아 반복적으로 수익을 내기란 결코 쉽지 않다.

따라서 일반 투자자에게는 장기 보유 전략을 권장한다. 장기 투자에서는 반드시 포트폴리오 구성이 필수적이다.

반대로, 단기 매매는 포트폴리오를 짤 필요가 전혀 없다. 왜냐하면 가격 변동 그 자체를 거래 대상으로 삼기 때문에, 여러 종목에 자금을 분산하게 되면 오히려 투자 효율이 떨어지기 때문이다. 단기 매매는 가격 변동이 심한 일부 종목에 집중 투자해서 높은 수익률을 노리는 전략을 세워야 한다.

문제는 이 방법이 타이밍을 잘 잡기가 매우 어렵고, 무엇보다 시장에 상시 집중해야 하기 때문에 전업 투자자가 아니면 감당하기 어려운 방식이라는 점이다. 특히 우리가 자고 있는 새벽에 시장이 열리는 미국 주식은 개인 투자자들에게는 더 부담스럽다.

이와 달리 장기 보유는 엄밀히 따지면 누구나 할 수 있는 투자법이다. 말 그대로 계속 들고만 있으면 되기 때문이다.

하지만 오래 갖고 있으려면 그만큼 공부와 준비가 필요하다. 그 핵심 중 하나가 바로 포트폴리오 구성이다.

그렇다면 포트폴리오란 무엇일까?

원래 '포트폴리오'라는 말은 서류철, 서류판을 뜻한다. 사진작가 같은 크리에이터가 자신의 작품을 모아 정리한 파일을 포트폴리오라고 부르는 것도 같은 맥락이다. 요컨대, 무언가를 한눈에 보기 좋게 정리해둔 목록을 말한다.

서양에서는 투자자가 보유한 금융 상품 내역을 서류철에 정리해서 다녔다는 데서 비롯되어, 오늘날에는 자신이 가진 금융 상품 일람을 포트폴리오라고 부르게 되었다.

그런데 왜 장기 투자에 포트폴리오가 필요할까? 그 이유는 단순하다. 장기 투자에는 반드시 리스크가 따라붙는데, 그 리스크를 분산시켜 무게를 덜어주는 효과를 기대할 수 있기 때문이다.

많은 사람은 장기 투자라면 안전하게 자산을 운용할 수 있다고 믿는 경향이 있다. 실제로 미국 주식처럼 장기적으로 가격 상승이 기대되는 시장에 투자한다면, 눈앞에서 다소 주가가 크게 떨어지더라도 계속 보유하고 있으면 언젠가 회복되고 더 많은 수익도 충분히 노릴 수 있다.

그러나 장기 투자에는 한 가지 약점이 있다. 그것은 미래의 불확실성이 커진다는 점이다.

지금부터 20년, 30년 뒤에 어떤 기업이 살아남아 활약할지를 정확히 예측할 수 있는 사람은 없다. 미국 경제가 앞으로도 성장할 가능성이 높다는 것은 어느 정도의 개연성을 갖고 예측할 수 있지만, 개별 기업 수준으로 들어가면 이야기가 달라진다. 물론 투자 시점에서는 장기 성장성이 있을 것이라 판단해 기업을 고르더라도, 실제로 100% 확실하다고 단언할 수는 없다. 바로 이 때문에 자금을 여러 종목에 나눠서 담는 포트폴리오 운용에 신경을 써야 한다.

포트폴리오를 짤 경우에는 전제부터 따져봐야 한다. '원금 손실 위험'이 지극히 적은 안정 자산'과 미국 주식처럼 '위험을 감수하면서 자산을 불리는 성장 자산'의 비율을 어느 정도로 가져가야 할지 생각해 봐야 하는 것이다.

자산을 조금이라도 더 불리고 싶은 마음은 누구나 같다. 하지만 가진 돈 100을 전부 가격 변동이 큰 자산에 몰아넣으면, 지출이 필요할 때 현금화하기 어려운 상황에 빠질 수 있다.

예를 들어 투자한 주식이 폭락했을 때, 마침 자녀 교육비처럼 꼭 필요한 지출이 생기면 문제가 된다. 그대로 들고 있었다면 언젠가 주가가 회복됐을 수도 있었겠지만, 어쩔 수 없이 주식을 팔아 급한 지출에 충당해야 하는 처지에 놓일 수도 있는 것이다. 계속 갖고 있을 때의 손실은 '평가손익'이라서 언젠가 손실이 회복한다는 희망을 품을 수 있다. 그런데 매각해버리면 '실현손익'이 되어 다시 회복할 방법이 없어진다.

따라서 포트폴리오를 짜기 전에, 먼저 '원금 손실 위험이 지극히 낮은 금융 자산'을 일정 금액 확보해 둘 필요가 있는 것이다. 구체적으로는 만기 엔화 기준 은행 예금이나 개인형 국채가 이에 해당한다.

특히 엔화 기준 은행 예금은 중도에 해지하더라도 해약 수수료가 없어, 필요할 때 언제든 현금화할 수 있다. 또는 증권사 종합 계좌에 자동으로 들어가 있는 MRF(예수금 펀드, Money Reserve Fund)에 일정 금액을 두는 것도 좋은 방법이다.

그렇다면 이렇게 원금 손실 위험이 지극히 낮은 금융 자산에는 어느 정도 배분하는 것이 좋을까?

이에 대해 미국의 파이낸셜 플래너들이 늘 강조하는 조언이 있다. 바로 '최소한 반년치 생활비는 현금으로 확보해 두자'라는 것이다. 이상적으로는 1년 정도 아무것도 하지 않아도 될 만큼의 현금이 마련되어 있다면 든든하다.

예를 들어 매달 생활비로 20만 엔이 든다면, 반년치 생활비인 120만 엔을 현금으로 보유하는 것이다. 이 기준은 혹시 실직하더라도 반년 정도면 새로운 직장을 찾을 수 있을 것이라는 가정에 기반을 하는 것이다.

따라서 120만 엔을 엔화 예금 같은 안전 자산으로 확보했다면, 나머지 자금은 전액 투자에 써도 무방하다. 이 120만 엔만큼은 운용할 생각을 아예 할 필요가 없다.

즉, 언제든 원금 손실 없이 현금화할 수 있는 금융 상품에 맡겨 놓는 것이다.

포트폴리오의 기본은
'코어-위성'

　비상시에 필요한 현금을 얼마나 확보해 둘지 정했다면, 이제 본격적으로 미국 주식 같은 성장 자산의 포트폴리오를 생각해 볼 차례다. 안정 자산은 원금 손실 위험이 지극히 낮은 금융 상품에 두고 운용한다. 반면, 성장 자산은 높은 수익률을 기대할 수 있지만, 원금을 깎아 먹을 위험도 감수해야 한다. 그렇기 때문에 성장 자산을 운용할 때는 여러 자산과 여러 종목으로 분산투자함으로써 특정 자산이나 특정 종목의 가격이 하락하더라도 전체적인 부담이 줄어들도록 궁리해야 한다.

　예를 들어 1,000만 엔이 있다. 이 가운데 700만 엔을 성장 자산에, 300만 엔을 안전 자산에 배분해서 운용한다고 가정해 보자. 그런데 이 700만 엔을 테슬라처럼 주가 변동성이 큰 개별 종목 하나에만 올인한다면 어떻게 될까?

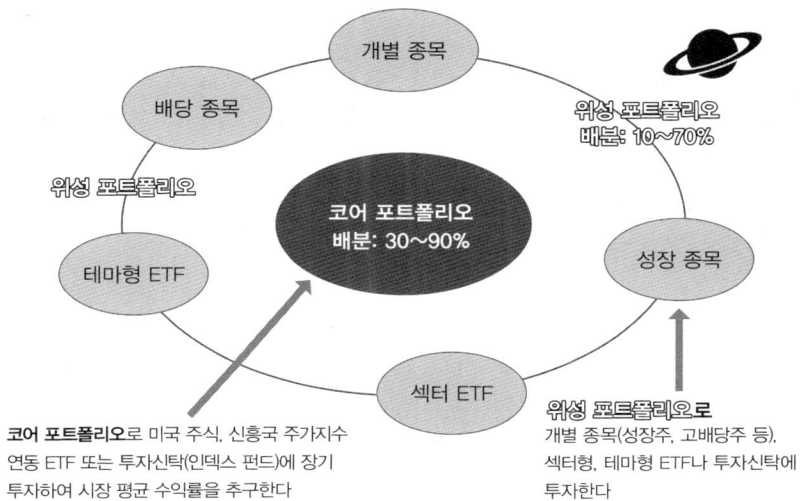

도표22 장기 포트폴리오 구축법: 코어-위성 전략

앞서 언급했듯, 테슬라 주가는 1년에 40%가량 조정 받는 경우가 흔하다. 즉, 700만 엔을 투자한 주가가 40%나 떨어진다면 평가액은 단숨에 420만 엔까지 뚝 떨어진다. 과연 이런 상황을 버틸 수 있을지 생각해 보자.

게다가 가능성은 낮지만, 만약 테슬라가 파산한다면 투자금 700만 엔은 사실상 증발되고 마는 것이다. 그러면 결국 1,000만 엔 중에서 안전 자산으로 묻어둔 300만 엔만 남게 된다.

이처럼 큰 리스크를 최소화하기 위해 고안된 방법이 바로 코어-위성 전략이다. 코어-위성 전략은 말 그대로 전체 포트폴리오를 코어 포트폴리오와 위성 포트폴리오로 나누어 구성하는 방식이다. 코어 포트폴리오는 S&P500처럼 시장 평균과 비슷한 수익률을 목표로 하며, 위성 포트폴리오는 시장 평균을 웃도는 플러스알파의 수익을 노리는 부분이다.

관건은 코어와 위성 포트폴리오를 어떤 비율로 배분할 것인가이다. 이는 성장 자산에 대해 어느 정도의 리스크를 감수하는가에 따라 달라지는 부분이다.

물론 개인마다 리스크 허용도가 다르기에, 배분 비율 역시 투자자마다 제각각이다. 다만, 대략적인 기준으로 보면 코어 포트폴리오 30~90%, 위성 포트폴리오 10~70% 범위 내에서 조정하는 것이 적절하다. 그리고 코어 포트폴리오의 비중이 높을수록, 성장 자산의 리스크는 시장 평균에 가까워진다. 즉, 시장 평균 수준으로 크게 벗어날 염려가 없는 만큼만 리스크를 감수하면 된다.

반대로 위성 포트폴리오는 비중이 높아질수록, 성장 자산의 리스크가 시장 평균에서 벗어나 높아지는 경향이 생긴다.

위성 포트폴리오에 포함되는 자산은 시장 평균 플러스알파의 수익률을 목표로 운용되기 때문에, 성공하면 시장 평균 이상의 수익을 실현할 수 있다. 그러나 반대로 시장 평균 이하의 수익으로 끝날 가능성도 충분히 있다는 점을 염두에 두어야 한다.

코어 포트폴리오와 위성 포트폴리오의 배분 비율은 투자자의 연령을 하나의 판단 기준으로 삼을 수도 있다.

흔히 이런 조언을 듣는다. '젊을 때는 과감하게 리스크를 감수

하고, 나이가 들면 서서히 리스크 자산 비중을 줄이자.'

  이 말의 근거는 정기 수입의 유무에서 온다. 은퇴하기 전 현역 시절에는 급여와 보너스라는 정기 수입이 있어, 자산 운용에서 어느 정도 손실이 있다 하더라도 구멍을 메울 수 있다. 하지만 은퇴 후 공적 연금으로만 생활하게 될 경우, 투자 실패로 큰 손실이 발생하면 이를 메우기가 어려워진다. 따라서 나이가 들수록 성장 자산에서 감당할 수 있는 리스크를 줄여야 한다. 그리고 그 리스크의 정도는 코어 포트폴리오와 위성 포트폴리오의 배분 비율로 조정하는 것이다.

  아이디어 하나를 제안하자면, 정년을 맞아 정기 수입이 끊기는 시점에는 성장 자산이 모두 코어 포트폴리오가 되도록, 위성 포트폴리오의 비율을 단계적으로 줄여가는 방식이다.

  예를 들어 30대에 자산 형성을 시작한다면 코어 포트폴리오의 비중을 30%, 위성 포트폴리오의 비중을 70% 정도로 운용하는 것이다. 그리고 40대에는 코어 포트폴리오 60%, 위성 포트폴리오 40%, 50대에는 코어 포트폴리오 80%, 위성 포트폴리오 20%로 점점 코어 포트폴리오의 비중을 높이다가, 60세 이후 정년까지는 코어 포트폴리오 90%, 위성 포트폴리오 10%까지 단계적으로 비율을 조정하는 것이다. 최종적으로 은퇴 후에는 코어 포트폴리오만 보유한 채 운용하는 구조다.

코어 포트폴리오의
베이스는 'SNE'

코어 포트폴리오는 어디까지나 시장 평균 수익률을 추구하기 위한 것이다. 그렇다면 무엇에 투자해야 시장 평균을 따라갈 수 있을지가 고민될 것이다.

전작에서는 S&P500에 연동하는 ETF만으로도 충분하다고 설명했지만, 이번에는 조금 다른 접근을 제안하고자 한다. 그것이 바로 'SNE 포트폴리오'다.

SNE는 'S&P500', 'NASDAQ100', 'Emerging'의 머리글자를 따서 필자가 만든 말이다. 여기서 'Emerging'(이머징)은 신흥국을 말한다. 즉, 미국의 대표 지수인 S&P500과 NASDAQ100, 여기에 신흥국 주가지수를 추종하는 ETF를 조합해 코어 포트폴리오를 구성하는 투자법이다.

코어 포트폴리오에 적합한 투자 대상으로는 최근 많은 투자자가 'AC(All Country)'를 떠올릴 것이다. 'MSCI ACWI(MSCI All Country World Index)라는 주가 인덱스가 대표적인데, 여기에 운용 성적이 연동하도록 포트폴리오를 구축해서 투자신탁을 운용하는 방식이 최근 몇 년 사이에 인기를 얻었다.

조금 더 자세히 설명하자면, MSCI ACWI는 선진국 23개국과 신흥국 24개국 주식시장의 종합적인 수익률을 각국 주식시장의 시가총액 가중 평균으로 산출한 지수다. 다시 말해, 각국 주식시장의 시가총액 규모에 따라 구성 비중을 나눈 뒤, 이를 기본으로 산출한 글로벌 주가지수인 것이다.

이 지수로 전 세계 주식 시가총액의 약 85%를 커버한다고 하니, 그 움직임만 봐도 세계 주식시장이 어떤 방향으로 흐르고 있는지를 대략 파악할 수 있다.

투자 대상국과 자산 혹은 종목을 넓게 분산할수록 자산 운용의 기반으로 삼기에 최적이라는 생각이 깊게 자리 잡게 된다. 그래서인지 코어-위성 전략으로 장기 투자 포트폴리오를 짤 때, 올 컨트리를 활용하는 경우가 일반적이다.

그러나 필자는 여기서 일부러 청개구리 전략을 택하려 한다. MSCI ACWI를 기반으로 코어 포트폴리오를 짜는 대신, 앞서 설명한 'SNE 포트폴리오'를 활용하는 편이 더 효율적이라고 본다. 왜냐면 SNE 포트폴리오의 내용을 들여다보면, 상대적으로 성장성이 더 높은 자산군에 특화되어 있기 때문이다.

물론 올 컨트리가 나쁘다는 뜻은 아니다. 오히려 코어 포트폴리오의 운용 리스크를 낮추고 싶은 사람들에게는 올 컨트리가 더 나은 선택지일 수 있다.

특히 이제 막 자산 운용을 시작해 가능하면 위험이 적은 투자 대상을 찾고자 한다면, 필자가 제안하는 SNE 포트폴리오보다 올 컨트리가 더 맞을지도 모른다.

하지만 조금이라도 더 높은 수익률을 추구하는 투자자라면 SNE 포트폴리오가 더 적합하다. 먼저 S&P500은 미국을 대표하는 주가지수로, 매우 엄격한 기준을 통과한 기업만이 구성 종목으로 들어간다. 실제로 이 주가지수에 포함된 종목은 미국 안에서도 손꼽히는 최우량 기업들이다. 상위 10개 종목만 보더라도 애플, 마이크로소프트, 엔비디아, 알파벳(구글), 아마존닷컴, 메타 플랫폼스, 버크셔 해서웨이, 브로드컴, 일라이 릴리 등, 누구나 이름을 들어본 글로벌 기업들이 포진해 있다.

이 기업들은 모두 진취적인 기질이 뛰어나며, 미국뿐 아니라 세계 경제를 이끌어 가는 주요 기업들이다. 세계 경제가 성장하는 흐름 속에서 이들 기업은 장기적인 성장을 기대할 수 있다.

SNE 포트폴리오에서 'N'에 해당하는 NASDAQ100은 미국 기업 중에서도 특히 성장 기대가 높은 기업군으로 구성되어 있다. S&P500과 겹치는 종목도 많지만, 주로 기술 기업들로 구성되어 있다. 오늘날 미국을 비롯한 세계 경제를 떠받치는 동력은 기술 혁신이므로, 기술 기업이 중심인 NASDAQ100은 미래 성장을 위한 자산을 형성하는 데 꼭 필요한 투자 대상이라고 할 수 있다.

그리고 마지막으로 'E', 즉 Emerging(이머징)은 어떨까. 신흥국 시장은 장기적으로 본다면 선진국의 성장률을 넘어설 가능성이 있다.

그런데 S&P500과 NASDAQ100을 추종하는 ETF는 이미 다양한 상품이 나와 있다. 그렇다면 신흥국에 투자할 때는 무엇이 좋을까? 현재 상황에서는 NISA 적립식 투자로도 쉽게 매수할 수 있는 '상장 인덱스 펀드 해외 신흥국 주식' 정도로 충분하다고 본다. 이 ETF는 MSCI 이머징 지수를 추종하도록 운용되고 있다.

이처럼 SNE 포트폴리오는 더 적극적으로 세계 경제 성장을 잡아내기 위한 투자라고도 할 수 있다.

그렇다면 S&P500, NASDAQ100, 그리고 이머징을 어떤 비율로 조합하면 좋을까?

사실 너무 복잡하게 생각할 필요는 없다. 단순히 3분의 1씩 배분하면 된다. 이 차트에서는 SNE 포트폴리오와 올 컨트리의 수익률을 비교했다. 결과를 보면, 올 컨트리와 달리 세계 최고 기업과 시장을 선별한 SNE 포트폴리오가 지금까지 더 높은 수익률을 보여 왔다.

기본적으로 S&P500에 비해 NASDAQ100이나 이머징은 기대 수익률이 높은 대신 리스크도 크다. 따라서 적극적으로 리스크를

도표23 MSCI 올 컨트리 vs SNE
배당금 재투자를 포함하는 총수익률, 엔화 기준

출처: 블룸버그, 마넥스증권 작성

    감수하고 더 높은 수익률을 원하는 사람은 NASDAQ이나 이머징의 비율을 늘리고, 큰 수익보다는 안정성을 바란다면, S&P500의 비중을 높이면 된다.

    물론 여기서 구성 비중을 세세하게 조정한다고 해도, 리스크와 수익 구조가 크게 달라지지는 않는다. 그런 의미에서, 앞서 언급한 대로 S&P500, NASDAQ100, 이머징에 각각 3분의 1씩 투자하는 방식이 가장 단순하면서도 이해하기 쉽다.

올 컨트리에도 포함된
이머징, 하지만……

　이머징 투자는 사실 올 컨트리에서도 할 수 있다. 왜냐면 MSCI 올 컨트리 월드 인덱스는 23개 선진국뿐 아니라 24개 신흥국까지 포함하고 있기 때문이다.
　ACWI에 포함된 신흥국은 다음과 같다.
　브라질, 칠레, 콜롬비아, 멕시코, 페루, 체코, 이집트, 그리스, 헝가리, 폴란드, 카타르, 사우디아라비아, 남아프리카공화국, 튀르키예, UAE, 쿠웨이트, 중국, 인도, 인도네시아, 한국, 말레이시아, 필리핀, 대만, 태국이다.
　따라서 올 컨트리 계열 ETF만으로도 충분히 신흥국 투자가 가능하지만, 문제가 하나 있다. 신흥국의 투자 비율을 별도로 조정할 수 없다는 점이다.
　예를 들어 신흥국 주식은 금리가 상승하는 국면에 들어가면 각종 자산 클래스 중에서도 제일 잘 팔린다. 이는 달러 매수와 반대되는 움직임이기도 하다. 다시 말해, 미국의 금리 상승과 달러 매수가 세트로 나타났을 때, 그 여파로 신흥국 주식이 크게 팔리는 현상이 일어나는 것이다.

왜 이런 현상이 나타날까?

그 이유는 신흥국 중에 달러 표시 부채를 대규모로 안고 있는 나라가 많기 때문이다. 미국의 금리가 오르면, 달러 기준의 부채를 많이 않고 있는 신흥국들은 경제 상황이 악화한다. 동시에 글로벌 자본이 신흥국에서 빠져나가 미국으로 흘러들면서 달러를 사들이게 된다. 즉, 달러 강세 현상이 나타나는 것이다. 이와 더불어 신흥국 경제가 흔들리면 기업 실적도 악화되고, 결국 주가가 하락하는 흐름으로 이어진다.

반대로 금리가 하락하면 상황은 달라진다. 신흥국이 떠안고 있는 달러 표시 부채의 이자 부담이 줄어들면서 경제 활동이 점차 활기를 되찾는다. 동시에 신흥국으로 다시 투자하는 움직임이 나오기 때문에 달러가 약세로 전환되고, 그러면서 신흥국 기업 주가가 오르기 쉬운 환경이 조성된다.

가령 총 900만 엔의 자금을 S&P500, NASDAQ100 그리고 이머징에 각각 300만 엔씩 나누어 투자했다고 하자. 그런데 금리 상승이 이어지면 신흥국 주가가 크게 떨어지면서, S&P500과 NASDAQ100은 그대로 300만 엔을 유지하더라도 이머징만

200만 엔으로 줄어드는 상황이 발생할 수 있다.

이럴 때 자금 여유가 있다면, 300만 엔에서 200만 엔으로 크게 떨어진 신흥국에 100만 엔을 추가로 투입하고 싶을 것이다.

하지만 올 컨트리 타입의 ETF는 비록 신흥국도 포함되어 있긴 하지만, 기본적으로 패키지화된 금융 상품이다.

따라서 개인 투자자가 운용사에 연락해서 신흥국 비중을 바꿔달라고 지시할 수는 없다. 이것이 패키지 상품인 ETF나 투자신탁의 불편한 점이다.

반면, SNE 포트폴리오처럼 S&P500, NASDAQ100, 이머징을 각각 따로 구입하면, 이런 식으로 추가 투자를 하고 싶을 때 자유롭게 자금을 조정할 수 있다. 굳이 올 컨트리의 단점을 꼽자면, 포트폴리오가 패키지로 묶여 있어 투자자가 직접 비중을 조정할 수 없다는 점이다. 이 부분에서는 SNE 포트폴리오로 운용하는 편이 유리하다.

신흥국 투자에 주목하는 이유

여담이지만, 필자가 신흥국에 흥미를 갖게 된 것은 지금으로부터 40년 전의 일이다. 1977년, 필자가 중학생이었을 때였다. 당시 필자는 단파 라디오 방송에 관심이 생겼는데, 특수한 주파수를 타고 흘러들어오는 전 세계의 라디오 방송을 들으며 영어 공부를 하고, 조금씩 영어 실력을 키워갔다.

우연히 학교에 '단파'라는 단파 방송 잡지가 놓여 있었고, 별생각 없이 집어 들었다가 '올여름 노려볼 수 있는 아프리카 각국의 모든 것'이라는 타이틀이 눈에 들어왔다.

그 순간 솔직히 가슴이 두근거렸다.

당시만 해도 해외에 나간다는 건 쉽지 않은 시대였고, 하물며 아프리카는 지도에서만 접해 본, 완전히 낯선 땅이었다. 그런데 그곳의 라디오 방송을 작은 단파 방송 수신기로 들을 수 있다니! 아직 인터넷도 없던 시절이라, 그야말로 충격적인 경험이었다.

그 일을 계기로 필자는 해외, 특히 신흥국에 관심을 갖게 되었다. 그리고 대학생이 되었을 때, 그 흥미의 연장선에서 미국의 3대 TV 네트워크 보도 전문 방송국 중 하나인 NBC 뉴스에서 아르바이트를 했다. 당시 도쿄에 NBC 아시아 총국이 있었던 것이다.

1983년 8월, 필리핀에서 국외 추방됐던 베니그노 아키노 의원이 귀국과 동시에 마닐라 공항에서 암살당하는 사건이 벌어졌다. 이때 필자는 갑자기 NBC 직원에게 "내일 당장 마닐라로 가줘야겠어"라는 지시를 받았다. 아키노 의원의 암살 소식에 대혼란에 빠진 필리핀의 모습을 취재하고 있는 현지 기자에게 연락 업무용 트랜시버를 전달하라는 미션이 주어진 것이다. 혹시 모를 상황에 대비해 트러블 시 사용할 뒷돈까지 쥐어졌다. 이게 대학생 신분의 학생에게 주어졌던 아르바이트다.

그런 인연도 있어 늘 궁금했던 필리핀은 격동의 시기를 거쳐 지금은 높은 경제 성장이 기대되는 나라 중 하나가 되었다.

그 가능성을 잘 보여주는 최고의 그래프가 있다. 바로 도쿄전력과 필리핀 최대 전력 회사인 마닐라전력의 주가 비교다. 데이터를 확보할 수 있었던 1992년 1월 31일을 기점으로 2024년 10월 17일까지, 약 33년간의 추이를 나타낸 것이다. 도쿄전력은 2011년 동일본 대지진 당시 주가가 대폭락하기도 했지만, 전체적으로 보면 1992년 이후 줄곧 보합세를 보였다.

1983년 8월 21일 공항 도착 직후에 총격을 받고 사살된 아키노 의원(오른쪽)
(출처: Aljazeera)

필리핀의 폭동 현장
(출처: Divinemysteries)

반면, 마닐라전력의 주가는 엔화 기준으로 약 20배 상승했다. 필리핀은 지금도 경제 발전 속도가 다소 늦고 주식시장도 아직은 미성숙한 편이다. 그러나 장기적으로 바라본다면, 이 정도의 높은 수익률을 기대할 수 있다. 실제로 현재 세계 GDP에서 신흥국이 차지하는 비율은 41%에 달한다. 하지만 세계 주식시장에서 신흥국이 차지하는 비율은 고작 23%밖에 되지 않는다.

이는 곧 실물 경제 규모에 비해 주식시장의 덩치가 아직 작다는 것을 의미한다. 바로 이 격차가 해소되는 과정에서, 신흥국 주식시장은 앞으로도 크게 성장할 여지가 있는 것이다.

예를 들어 중남미의 페루 이야기도 해 보겠다. 1990년대 당시 페루는 극심한 하이퍼 인플레이션에 시달리고 있었고, 센데로 루

도표24 도쿄전력과 마닐라전력의 주가 비교(엔화 기준)

출처: 블룸버그, 마넥스증권 작성

미노소라는 극좌 테러 집단이 사실상 나라를 장악하고 있었다. 상황이 얼마나 심각했는지, 미국의 아메리칸항공이 페루의 수도 리마행 항공편을 아예 중단하라 정도였다. 그런 혼란 속에서도 리마 증권거래소는 정상적으로 가동하고 있었다. 그런 상황에서도 거래는 꾸준히 이루어지고 있었던 것이다.

그 무렵 필자는 뉴욕의 살로몬 브라더스에서 근무하고 있었는데, 신흥국 투자 부서 직원이 어느 날 이렇게 말했다. "재미있는 투자 기회가 있으니까 같이 한 번 해볼래?" 그래서 재미 삼아 2,000달러만 투자해 봤다. 1992년의 일이다.

투자한 회사는 총 네 종목이었다. 맥주회사 바커스, 시멘트회사 세멘토스 데 리마, 은행 방코 데 크레디토, 그리고 전화회사 텔레포노스 데 페루였다.

그런데 이들에 투자한 2,000달러가 불과 반년 만에 1만 달러로 불어났다. 이때 신흥국이 지닌 엄청난 잠재력에 놀랐고, 이를 계기로 신흥국 투자에 흥미를 갖게 되었다.

신흥국과 관련된 이야기는 이밖에도 많다.

예를 들어 인도의 은행을 보자. 미국 증권거래소에 ADR(미국 예탁증권) 형태로 상장된 인도 은행들의 시가총액은 이미 일본을 넘어설 수준이며, 고객 수도 훨씬 많다. 이미 규모 면에서 보면 일본 은행들을 추월하는 날이 머지않아 보인다.

또한 온라인 쇼핑 분야에서 아마존이 전 세계적으로 유명하다면, 아르헨티나의 메르카도 리브레나 아프리카의 아마존이라 불리는 주미아 테크놀로지도 아주 빠른 속도로 성장하고 있다.

특히 신흥국 주식은 모두 밸류에이션이 매우 낮고, PER 역시 역사적 평균치를 밑도는 상태가 이어지고 있다. 성장 잠재력이 큰 기업들의 주식이 지극히 저렴한 상태에서 방치되어 있는 지금은 그야말로 신흥국 주식 투자를 시작하기에 절호의 타이밍이라고 해도 좋을 것이다.

위성 포트폴리오,
10종목 정도가 적절하다

이야기가 살짝 길어졌는데, 코어 포트폴리오에 대한 설명은 여기까지다. 이제 위성 포트폴리오에 대해 간단히 살펴보자.

위성 포트폴리오는 개별 기업 주식이나 테마형 ETF 등을 조합해, S&P500 수익률에 플러스알파를 더하려는 영역이다.

다시 말해, S&P500 같은 인덱스 투자만으로는 얻기 어려운 초과 수익을 추구하는 것이 위성 부분의 역할이다.

따라서 코어와 위성의 비율을 어떻게 가져가느냐에 따라, 전체 포트폴리오의 리스크-리턴 구조가 달라지게 된다.

일반적으로 코어-위성 전략은 코어 포트폴리오 80%, 위성 포트폴리오 20% 정도로 구성한다. 다만 이 비율은 개인의 리스크 허용도에 맞춰 생각할 필요가 있다. 앞서 언급했듯이, 리스크 감수 성향이 낮은 투자자는 가능하면 코어 포트폴리오의 배분율을 높이도록 하자.

그렇다면 위성 포트폴리오는 얼마나 분산하는 것이 좋을까?

필자는 최소한 5종목, 가능하다면 10종목 정도로 분산하면 충분하다고 본다.

이 책은 미국 주식의 미래가 밝다는 전제를 바탕으로 하고 있다. 따라서 코어 부분은 SNE 포트폴리오를 구성하는 ETF에 투자하고, 위성 부분은 전부 미국 주식의 개별 종목으로 채워도 무방하다. 제5장에서 장기 성장 유망 종목들을 골라 소개했다. 그 내용을 참고해 복수 종목에 분산투자하는 것도 좋고, 테마형 ETF 여러 개를 조합하는 방식도 고려할 만하다.

참고로 '포트폴리오'라고 하면, 주식뿐 아니라 채권, 부동산, 코모디티 등 다양한 자산 클래스를 포함해 분산해야 한다고 주장하는 사람들도 있다. 하지만 필자는 투자 초보자라면 굳이 그렇게까지 할 필요는 없다고 생각한다.

앞으로 10년, 20년을 내다봐도 미국 경제의 성장은 의심할 여지가 없다. 그렇다면 미래를 장담하기 어려운 다른 자산 클래스에까지 소중한 운용 자금을 분산시킬 이유가 없다. 결국 운용 효율만 떨어뜨리는 불필요한 투자가 될 가능성이 있다.

자산 활용도,
미국 주식으로 높인다

투자는 언제까지 계속해야 할까?

'장기 투자'라는 말을 꺼내면 반드시 따라붙는 질문이다. 과연 언제까지 투자하는 것이 좋을까?

앞에서도 언급한 대로, 지금까지는 일반적으로 이렇게 생각해왔다. 정년퇴직을 하면 정기적인 수입이 공적 연금만 남는 시점이 되면 주식 같은 위험 자산의 비중을 떨어뜨리고, 기본적으로는 예적금이나 채권 같은 안전 자산 위주로 운용하는 것이 이상적이라는 것이다.

그러나 앞으로는 이런 조언이 더이상은 통하지 않는 시대가 되었는지도 모른다.

이유는 두 가지인데, 첫째는 인플레이션이다. 물론 금리가 인플레이션율을 웃도는 수준까지 오르면, 예적금만으로도 인플레이션

리스크를 충분히 헤지(리스크를 없애려는 시도)할 수 있다. 하지만 현재의 인플레이션율과 예적금 금리를 감안하면, 그런 상황이 올 가능성은 낮아보인다.

이런 환경이 앞으로도 이어진다는 전제 아래, 정년 이후 수중에 있는 보유 자산을 전부 예적금이나 채권으로만 운용할 경우 인플레이션으로 인해 자산 가치가 훼손될 위험이 크다. 따라서 그 리스크를 줄이기 위해서는 정년 이후에도 일정 부분은 위험 자산에 투자해야 한다.

둘째 이유는 인생 100세 시대가 되었다는 점이다. 과거에는 일본인의 평균 수명이 짧았기 때문에, 예를 들어 1,000만 엔만 있어도 여생을 보내는 데 큰 무리가 없었을지도 모른다. 그러나 지금은 은퇴 이후에도 3~40년이나 되는 제2의 인생이 남아 있다. 그렇다면 금융 자산이 1,000만 엔 있다고 해도 결코 여유로운 생활을 보장할 수 없다. 결국 일정 금액은 투자를 통해 자산을 운용할 필요가 있다.

물론 운용을 한다 해도 무리하게 높은 리스크를 감수할 필요는 없다.

가장 정석적인 방법은 위성 포트폴리오 비중을 0으로 두고, 코어 포트폴리오만 계속 운용하는 것이다. 코어 포트폴리오 역시 S&P500, NASDAQ100 그리고 신흥국 시장에 투자하는 ETF로 충분히 구성할 수 있다. 다만 지나친 리스크를 피하기 위해서는,

예를 들어 S&P500 ETF 하나만으로 단순하게 운용하는 등 여러 가지 연구를 해 보는 게 좋을 것 같다.

조금 특이한 방법이지만, 미국 주식을 활용해 정기적인 현금 흐름(캐시플로)을 만들어낼 수도 있다.

미국 주식은 기본적으로 연 4회 배당을 지급한다. 따라서 배당 지급 월이 서로 다른 종목 3개를 조합하면, '4회×3종목=연 12회'의 배당금을 받을 수 있게 된다.

이해를 돕기 위해 실제로 표를 살펴보자. 여기서는 알트리아 그룹, AT&T, 크래프트 하인즈의 세 종목을 조합했다. 달력에 ○ 표시를 한 달, 즉 1월에는 알트리아 그룹, 2월에는 AT&T, 3월에는 크래프트 하인즈가 차례대로 배당금을 지급한다. 이후에도 같은 순서가 반복되기 때문에, 결과적으로 매달 꾸준히 배당금을 받을 수 있는 구조가 된다.

물론 배당을 매달 받을 수 있다고 해도, 배당수익률이 낮으면 의미가 없다. 이 세 종목을 고른 이유는, S&P500의 배당수익률(약 1.2%)과 비교하면 미국 주식 중에서도 비교적 높기 때문이다. 알트리아 그룹의 배당수익률이 연 8.11%, AT&T가 연 5.1%, 그리고 크래프트 하인즈가 연 4.55%로 평균 5.89%의 배당수익률을 보인다.

또한 필립 모리스 인터내셔널, 버라이즌 커뮤니케이션, 셰브론을 조합한 플랜도 제시해 봤다. 이들 세 종목의 평균 배당수익률

도표25 미국 주식으로 매달 배당금 지급을 받는 조합 제안

조합 제안 ❶

종목명	티커 코드	배당 지급 달력											
		1월	2월	3월	4월	5월	6월	7월	8월	9월	10월	11월	12월
알트리아 그룹	MO	O			O			O			O		
AT&T	T		O			O			O			O	
크래프트 하인즈	KHC			O			O			O			O
		1월	2월	3월	4월	5월	6월	7월	8월	9월	10월	11월	12월
알트리아+AT&T+크래프트 하인즈		MO	T	KHC	MO	T	KHC	MO	T	KHC	MO	T	KHC

조합 제안 ❷

종목명	티커 코드	배당 지급 달력											
		1월	2월	3월	4월	5월	6월	7월	8월	9월	10월	11월	12월
필립 모리스 인터내셔널	PM	O			O			O			O		
버라이즌 커뮤니케이션	VZ		O			O			O			O	
셰브론	CVX			O			O			O			O
		1월	2월	3월	4월	5월	6월	7월	8월	9월	10월	11월	12월
필립 모리스 인터내셔널+버라이즌 커뮤니케이션+셰브론		PM	VZ	CVX	PM	VZ	CVX	PM	VZ	CVX	PM	VZ	CVX

은 연 4.98%다.

만약 평균 5% 정도의 배당금을 받을 수 있으면, 매달 생활이 상당히 편해진다.

예를 들어 정년 시점까지 차근차근 적립해 온 운용 자금이 4,000만 엔이라고 하자. 이 자금을 연평균 5% 배당수익률 가진 종목에 투자한다면, 1년에 받을 수 있는 배당금은 200만 엔이다. 이를 12개월로 나누면, 매달 약 16만 6,000엔이 지급된다. 과세 전 기준이므로 세금을 제하고도 13만 엔 이상은 안정적으로 손에 쥘 수 있다.

여기에 공적 연금을 더하면, 노후 자금은 상당히 든든해질 것이다. 더구나 이들 종목은 대부분 증배주로, 매년 배당금을 조금씩 늘려가는 기업들이다.

무엇보다 중요한 점은, 이렇게 일정 연령까지 모은 자금을 고배당 종목에 투자해 배당만으로 삶을 꾸린다면, 원금인 운용 자산을 건드리지 않아도 된다는 이점이 있다.

아무튼 정년까지는 빠듯하게 생활비를 아껴가며 돈을 모아 두고, 이후에는 아무런 운용도 하지 않은 채 '공적 연금+어렵게 모은 자산은 조금씩 깎아 쓰는 방식'으로 노후를 보내려는 사람들이 적지 않다. 하지만 이런 방식은 모아둔 금융 자산이 점점 줄어들기 때문에, 결국 중간에 '이 돈으로 버틸 수 있을까?' 하는 불안이 엄습하게 된다.

그러나 앞서 말했듯이, 높은 배당수익률을 얻을 수 있는 미국 주식에 분산투자해 안정적인 배당 구조를 만들어 놓는다면 이런 불안에 휩싸일 걱정도 없어질 것이다. 그런 의미에서 고령자가 된 후에도 미국 주식 투자를 권하는 것이다.

여기에는 부차적인 효과도 있다.

고령자가 되어도 미국 주식투자를 꾸준히 이어가면, 두뇌 활동을 쉬지 않게 되므로 인지 기능을 유지하는 데 도움이 될 가능성도 있다.

물론 지속적으로 높은 배당을 받기 위해서는 투자 기업이 안정적으로 이익을 내야 한다.

실적이 악화되면 배당금이 줄어들 수밖에 없기 때문이다. 그런 상황을 맞닥뜨리지 않기 위해서라도, 투자처 기업의 실적을 꾸준히 확인하는 습관이 필요하다.

이 점까지 고려한다면, 세 종목을 조합해 포트폴리오를 짜는 것은 단순히 수익뿐 아니라 투자의 재미와 두뇌 건강까지 함께 얻을 수 있는 일석이조의 전략이 될 것이다.

미국
주식
투자

새로운 NISA로도
살 수 있는 미국 주식

NISA 제도가 개정된 지 벌써 11개월이 흘렀다. 옛날 제도인 '일반 NISA'와 '적립 NISA'는 2023년 12월 말로 신규 투자가 중단되었고, 2024년 1월부터는 새로 '성장 투자형'과 '적립 투자형'을 통해 비과세 투자가 가능해졌다.

성장 투자형은 현물 주식, 주식형 투자신탁, ETF, J-REIT(부동산 투자신탁) 매수가 가능하며, 적립 투자형은 특정 주식형 투자신탁으로 한정된다.

또한 미국 주식도 NISA로 매수할 수 있다. 적립 투자형은 투자신탁만 가능하지만, 성장 투자형은 현물 주식에도 투자할 수 있고, 여기에는 일본 주식뿐 아니라 미국 주식도 포함된다.

그렇다면 이번 NISA 개정으로 어떤 점들이 달라졌는지 정리해 보자.

먼저 비과세 투자 한도가 크게 확대되었다. 예전 제도에서는 일반 NISA의 연간 투자 가능액이 120만 엔, 적립 NISA가 40만 엔이었고, 비과세 보유 한도액은 일반 NISA가 600만 엔, 적립 NISA가 800만 엔이었다. 또한 일반 NISA와 적립 NISA를 동시에 이용할 수는 없었기 때문에, 비과세 보유 한도는 최대 600만 엔~800만 엔 수준이었다.

반면, 새로운 제도에서는 성장 투자형과 적립 투자형을 병용할 수 있게 되었고, 그 결과 비과세 보유 한도는 두 가지를 합쳐 최대 1,800만 엔까지 늘어났다. 또한 성장 투자형의 연간 투자 가능액은 240만 엔이고, 적립 투자형은 120만 엔이다.

적립 투자형만 이용한다면 1,800만 엔까지 적립되지만, 성장 투자형의 비과세 보유 한도는 1,200만 엔이다. 따라서 성장 투자형에 1,200만 엔을 투자할 경우에는 나머지 600만 엔을 적립 투자형에 투자해 한도를 채울 수 있다.

또한 새로운 NISA는 제도 자체가 상시화되었고, 비과세 기간도 무기한으로 바뀌었다. 즉 20년, 30년 이상 장기간 NISA 계좌에서 보유하는 주식이나 투자신탁에서 발생하는 매매 차익, 분배금, 배당금은 원칙적으로 모두 비과세 혜택을 받게 된다.

다만 미국 주식을 NISA 계좌로 투자할 때는 한 가지 주의할 점이 있다. 바로 배당금에는 과세가 된다는 것이다.

일반 과세 계좌에서 주식 배당금에 부과되는 세율은 20.315%

다. 일본 주식의 경우, NISA 계좌를 이용하면 배당금 역시 전액 비과세가 된다. 하지만 미국 주식의 경우는 미국 측의 배당 과세를 피할 수 없다.

과세 계좌로 미국 주식에 투자한 경우, 거기서 발생하는 배당금은 미국 10%, 일본 10.315%가 과세된다. 이는 미일(美日) 조세조약에 따라 배당 과세 총액(20.315%)을 양국이 절반씩 나누어 부담하는 구조이기 때문이다.

NISA는 미국과는 아무런 관계가 없는 제도다. 따라서 아무리 미국 주식에 투자해서 발생한 배당금에 대해서는 미국 측에 10%의 세금을 납부해야 한다.

결국 NISA 계좌를 통해 투자를 하더라도 미국 주식에서 발생한 배당금은 10% 원천징수가 이루어진다.

참고로 이것은 배당금에 한정된다. 매매 차익에 대해서는 NISA의 비과세 혜택이 그대로 적용되므로, 그 부분은 걱정하지 않아도 된다.

적립 투자형은
ETF로 운용하라

    NISA 계좌로 미국 개별 주식에 투자할 경우에는 성장 투자형을 이용하게 된다. 이때 비과세 보유 한도는 1,200만 엔이다.

    성장 투자형은 연간 투자 한도는 240만 엔이므로, 매년 최대 한도까지 채운다면 5년 만에 1,200만 엔의 한도를 달성할 수 있다. 이것이 성장 투자형을 가득 채우는 최단 기간이다. 물론 매년 240만 엔을 투자하기는 현실적으로 어려울 수 있다. 그렇다면 소액 자금도 괜찮다. 매년 50만 엔씩 투자한다면, 1,200만 엔을 채우는 데 24년이 걸린다. 아직 나이가 젊다면 이런 장기적 접근도 가능하다. 시간을 들여 천천히 미국 주식 포트폴리오를 구축해 보도록 하자.

    그렇다면 문제는 1,200만 엔까지 미국 주식을 확보했을 경우, 적립 투자형을 어떻게 활용할 것인가 하는 점이다.

아쉽게도 적립 투자형으로 매수할 수 있는 상품은 운용 회사가 적립 투자용으로 금융청에 신청해 인가받은 투자신탁과 ETF에 한정된다.

참고로 적립 투자형 대상 상품은 인덱스형 투자신탁 240개, 액티브형 투자신탁 51개, ETF 8개로 총 299개다. 이 가운데에는 미국 주식을 포함해 운용하는 상품뿐만 아니라, 일본 주식을 편입한 상품, 전 세계 주식에 분산투자하는 상품, 혹은 주식 외 자산 클래스로 분산투자하는 상품까지 다양한 타입의 펀드가 있다.

따라서 성장 투자형을 미국 주식으로 채운다면, 적립 투자형은 일본 주식이나 다른 자산 클래스에 투자하는 투자신탁을 활용해 포트폴리오의 분산 효과를 높이는 방법도 고려할 수 있다.

그래도 되도록 미국 주식을 중심으로 투자하고 싶다는 생각이 있다면, 적립 투자형 대상 299개 상품 중에서 미국 주식을 편입해 운용하는 투자신탁을 선택하면 된다.

그중에서도 특히 추천할 만한 것은 ETF다. 적립 투자형으로 매수할 수 있는 미국 주식 ETF는 단 두 종목이다. 바로 블랙록이 운용하는 '아이셰어즈 코어 S&P500 ETF'(티커 심볼: IVV)와, 닛코에셋 매니지먼트가 운용하는 동증 상장의 '상장 인덱스 펀드 미국 주식(S&P500)'이다.

이름에서도 알 수 있듯이, 두 ETF 모두 미국을 대표하는 주가지수인 S&P500에 연동하는 것을 목표로 운용된다.

여기서 ETF에 대해 잠깐 짚고 넘어가자. 투자 경험이 많지 않은 사람이라면 'ETF가 뭐지?' 하고 궁금할 수 있다.

ETF는 'Exchange Traded Fund'의 약자로, 쉽게 말해 '상장 투자신탁'이다.

일반적인 투자신탁은 증권거래소에 상장되지 않아 직접 사고팔 수 없지만, ETF는 증권거래소에 상장되어 현물 주식처럼 자유롭게 매매할 수 있다.

물론 ETF가 아니더라도, 미국 주가지수에 연동하는 인덱스형 투자신탁이나 특정 미국 주식을 선별 투자하는 액티브형 투자신탁도 있다. 하지만 성장 투자형으로 미국 주식을 매수한다면, 언제든 원하는 시점에 그때그때의 시장 가격으로 매매할 수 있는 ETF가 투자자 입장에서 더 친숙하고 편리할 수도 있다.

이 부분은 투자자의 취향 문제다. 다만 앞서 언급했듯, 워런 버핏조차 자신의 사후 재산은 S&P500으로 운용하도록 재산 관리인에게 지시했다고 하니, S&P500 ETF를 매수한다면 장기적으로 실패할 확률은 거의 없다고 봐도 좋다.

앞서 제3장에서도 설명했듯, 필자는 올 컨트리(전 세계 주식)로 운용할 바에는 SNE 포트폴리오로 운용하는 편이 더 높은 수익률을 기대할 수 있다고 본다. 그래서 적립 투자형에서는 신흥국 시장의 주식을 편입해서 운용하는 ETF를 매수하는 방법도 고려할 만하다.

현재 적립 투자형에서 선택할 수 있는 신흥국 ETF는 단 하나, 닛코 에셋 매니지먼트가 운용하는 동증 상장 '상장 인덱스 펀드 해외 신흥국 주식(MSCI 이머징)'뿐이다.

참고로 2024년 7월 31일 기준, 이 ETF의 투자 대상국과 투자 비율은 중국(24.54%), 인도(20.01%), 대만(18.45%), 한국(12.11%), 브라질(4.32%), 사우디아라비아(4.03%), 남아프리카공화국(3.11%), 멕시코(2.14%), 인도네시아(1.64%), 말레이시아(1.44%), 기타(8.22%)로 이루어져 있다.

NISA로 투자할 때
주의할 점

앞서 설명했듯이 NISA는 매매 차익과 투자신탁의 분배금에 과세하지 않는다는 매우 유리한 제도다. 그러나 그 장점을 뒤에는 몇 가지 불편한 점이 있다는 사실도 알아둘 필요가 있다.

첫 번째 문제점은 손익 통산이 불가능하다는 점이다.

예를 들어 NISA 계좌에 종목을 여러 개 보유한다고 하자. A주식으로 50만 엔의 이익, B주식으로 20만 엔의 손실이 발생한 경우, 과세 계좌라면 이익과 손실을 합산할 수 있기 때문에 50만 엔에서 20만 엔을 뺀 30만 엔에 대해서만 세율 20.315%가 적용된다.

이 경우 세금으로 빠지는 금액은 6만 945엔, 따라서 실제 손에 들어오는 돈은 23만 9,055엔이 된다. 즉, 이익과 손실을 서로 상쇄한 뒤 세금을 내는 구조다.

그러나 NISA 계좌에서는 B종목에서 발생한 20만 엔의 손실은 아예 없는 것으로 처리된다. 대신 A주식에서 얻은 50만 엔의 이익은 전액 비과세이므로, A주식의 이익과 B주식의 손실을 상쇄해서 얻을 수 있는 이익은 30만 엔이다.

물론 NISA 계좌로 투자하는 것이 유리하다는 뜻이지만, 문제는 과세 계좌와 NISA 계좌를 병행해 투자하는 경우다.

예를 들어 보자. 과세 계좌에서 투자한 주식에 50만 엔의 이익이 발생하고, 동시에 NISA 계좌에서 투자한 주식에 40만 엔의 손실이 난다면 어떨까?

만약 두 계좌 간의 손익 통산이 가능하다면, 둘이 합쳐 이익이 10만 엔이기 때문에 그에 대한 세금 20.315%만 내면 끝이다. 그런데 NISA 계좌와의 손익 통산이 인정되지 않기 때문에 과세 계좌의 이익인 50만 엔에 대한 세금을 고스란히 내야 한다.

그런데 NISA 계좌에서는 40만 엔의 손실이 발생했다 해도 없었던 일로 처리되고 만다. 또한 과세 계좌에서는 손실 이월 공제가 가능한데, 이 역시 NISA 계좌에서는 적용되지 않는다.

다음으로 NISA 계좌에서 미국 주식을 매도했을 때 주의해야 할 점도 짚고 넘어가자.

앞서 언급했듯, 새로운 NISA는 제도 자체가 항구적이다. 옛 제도처럼 기간이 한정되어 있는 것이 아니라, 계속 이어지는 제도다. 그래서 구 NISA에서는 한번 매각이나 해약을 하면, 그만큼 비게 된 금액만큼 다시 투자할 수 없었다. 그런데 신 NISA에서는 이게 가능해졌다. 예를 들어 1,200만 엔의 한도를 다 채운 뒤 200만 엔을 매도한 경우, 예전 제도에서는 200만 엔이 비었다고 해서 새로 200만 엔을 재투자하도록 허용하지 않았다. 그런데 신 NISA에서는 200만 엔을 재투자할 수 있다.

다만 매각이나 해약으로 생긴 한도에 대한 재투자는 일정 기간이 지나고 나서 가능하다. 예를 들어 8월에 매도했다면, 이듬해 1월 이후에야 매수가 가능하다. 만약 1월에 매각했다면, 해가 바뀌는 약 1년 후가 되어서야 재투자를 할 수 있는 것이다.

이는 애초에 NISA가 장기 투자를 지원하기 위한 제도이기 때문에, 단기 매매를 조장하지 않도록 마련된 제약이라고 이해하면 된다.

예를 들어, 성장 투자형 비과세 한도 1,200만 엔을 모두 채운 뒤 500만 엔을 매도해 이익을 냈다고 하자. 이 경우 매도한 500만 엔을 다시 투자할 수 있는 권리가 생기는 것이다. 하지만 성장 투자형은 연간 240만 엔이라는 제한이 있기 때문에 한도가 리셋되었다고 해서 이듬해에 500만 엔을 한꺼번에 매수할 수는 없다. 결국 500만 엔을 다시 채우려면 2년 넘는 시간이 필요하다.

계좌 개설부터 거래까지

미국 주식에 투자할 생각이 있다면, 먼저 증권사 계좌를 개설해야 한다.

증권사는 실제 점포가 있는 증권사와 인터넷 증권사 두 가지가 있다. 어느 쪽을 선택할지가 먼저 고민될 것이다.

필자는 현재 마넥스증권이라는 인터넷 증권사에서 외국 주식 컨설턴트 일을 하기 때문에 다소 이해관계가 있다고 느끼는 분들도 있을지 모르겠다. 하지만 그 점을 감안하더라도, 인터넷 증권사 계좌를 개설하는 편이 유리하다고 생각한다. 실제 점포형 증권사에서 미국 주식을 매매하면, 수수료가 비싸다.

게다가 취급 종목 수도 인터넷 증권사가 압도적으로 더 많다. 예를 들어 모 대형 증권사의 미국 주식 취급 종목은 800개밖에 되지 않지만, 마넥스증권은 4,940개에 달한다. 종목이 너무 많으면 선택이 어렵다는 의견도 있다. 하지만 없는 것보다는 있는 것이 나으며, 종목이 많을수록 숨은 보석을 발굴할 기회도 생긴다.

인터넷 증권사 계좌 개설 절차는 다음 플로차트와 같다. 예전에는 인터넷 증권사라 해도 계좌 개설에 며칠이 걸렸지만, 지금은 온라인 신청이 가능해져 빠르면 신청 다음 날 계좌가 개설되기도 한다.

계좌를 개설했다면, 다음은 그 계좌에 투자 자금을 입금하는 단계로 넘어간다.

일반적으로는 증권 종합 계좌에 엔화를 입금한 뒤, 이를 외국 증권 거래 계좌로 이체할 때 엔화를 달러로 바꾼 다음 미국 주식에 투자한다.

즉, '엔을 팔고 달러를 사는 거래'를 거치는 것이다. 이 절차는 모두 인터넷으로 처리할 수 있다.

다만, 계좌 간 자금 이동 방식은 증권사마다 다소 차이가 있으므로 여기서 구체적인 절차까지 다룰 생각은 없다. 실제로 계좌를 개설한 증권사 홈페이지에서 확인해도 되고, 점포형 증권사를 이용하는 분들은 영업 담당자나 지점 창구 직원에게 물어보면 자세히 가르쳐줄 것이다.

드디어 엔화를 달러로 바꿔 미국 주식에 투자할 시간이다. 이때 고려해야 할 점이 환전 수수료다.

엔화를 달러로 환전하는 과정에서 증권사마다 다른 수수료율

도표26 온라인 계좌 개설(마넥스증권)

온라인 계좌 개설 순서

STEP1 메일 등록	STEP2 신청 양식 작성 본인 확인	STEP3 개설 완료 메일 수신	STEP4 마넥스증권에 로그인
	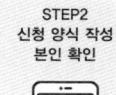		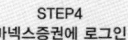

온라인 계좌 개설이 가능한 대상

- 개인번호 카드(마이넘버 카드) 또는 운전면허증+마이넘버 통지 카드를 보유한 사람
- 일본 국적을 가진 성인으로, 일본 내에서 납세 의무가 있는 사람

일본 국적을 가졌더라도 미국 영주권을 보유한 경우, 미국 체재 일수가 연간 183일 이상인 경우, 일본 이외의 국가에도 납세 의무가 있는 경우는 '우편 계좌 개설' 대상이다.

도표27 우편 계좌 개설(마넥스증권)

우편 계좌 개설 순서

STEP1 신청 양식 작성	STEP2 계좌 개설 서류 일체 수령	STEP3 작성한 서류 회송	STEP4 계좌 개설 완료 통지 수령	STEP5 마넥스증권에 로그인
	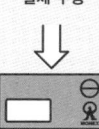		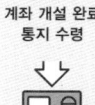	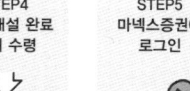

우편 계좌 개설이 가능한 대상

- 개인번호 카드 또는 운전면허증을 보유한 사람
- 미성년자
- 외국 국적
- 미국 영주권을 보유한 사람, 혹은 미국 체재 일수가 연간 183일 이상인 사람
- 일본 이외의 국가에도 납세 의무가 있는 사람

출처: 마넥스증권 홈페이지

이 적용되므로, 자신이 계좌를 개설한 증권사 홈페이지나 고객센터를 통해 확인하는 것이 좋다.

참고로 마넥스증권의 경우, 엔화에서 달러로 바꿀 때는 수수료가 없다. 반대로 미국 달러를 엔화로 환전할 때는 1달러당 25센트가 환전 수수료로 부과된다.

구입 시 환전 수수료가 무료라는 부분은 어디까지나 현시점의 이야기다. 마넥스증권은 환전 수수료 정책을 정기적으로 검토하기 때문에 앞으로는 유료로 전환될 가능성도 있다.

미국 주식 투자에는 환전 수수료 외에도 다른 비용이 든다. 매매 1건당 약정대금의 0.45%가 수수료로 부과되는 것이다.

참고로 이 거래 수수료는 상한이 최대 20달러다. 예를 들어 약정대금이 1,500달러라면, 거래 수수료는 0.45%인 6.75달러가 된다. 물론 매도할 때도 동일한 요율의 수수료가 적용된다. 이와 더불어 약정대금 1달러당 0.0000278달러의 현지 수수료도 추가된다.

마넥스증권의 NISA 계좌로 미국 주식에 투자하는 경우, 매매 수수료가 무료다. 이 점은 NISA로 미국 주식에 투자할 때의 숨은 장점이므로 주목해도 좋을 것이다.

주문 가능 시간은 미국 증시 개장 시간대에 맞춰져 있으므로, 일본 시간으로는 밤부터 이튿날 아침까지다.

미국의 정규 거래 시간은 현지 시각으로 9:30~16:00까지다. 일본 시간으로는 서머타임 기간(3월 둘째 주 일요일~11월 첫째 주

일요일) 동안은 22:30~익일 5:00이고, 겨울 시간(그 외 기간) 동안은 23:30~익일 6:00이다.

또한 미국 증시에는 정규 거래 전후에 '프리마켓'과 '애프터마켓'이라는 시간 외 거래 시간대가 있으며, 이때도 주문 발주가 가능하다. 실제로 주문할 때는 일본 주식과 마찬가지로 '시장가 주문'과 '지정가 주문'을 선택할 수 있고, 역지정 주문도 가능하다.

세금에 대해

앞에서는 NISA에 대한 설명을 했으니, 여기서는 과세 계좌를 통해 미국 주식을 매매했을 때의 세금 처리에 대해 설명하겠다.

미국 주식에서 수익이 발생하면, 일본 주식 거래와 마찬가지로 세금이 든다. 특정 계좌나 일반 계좌 중 하나를 선택한다는 점도 일본 주식과 똑같다.

특정 계좌의 경우, '원천징수 있음'과 '원천징수 없음'을 선택할 수 있다. 원천징수 있음을 선택하면, 매각 차익은 원천징수 처리되어 원칙적으로 신고는 필요 없다. 또한 배당금에 대해서는 원천 분리 과세가 되기 때문에 외국 세액 공제를 받고 싶은 사람은 확정 신고를 한 후에 종합 과세나 신고 분리 과제 중 하나를 선택해야 한다. 물론 확정 신고는 임의로 선택할 수 있기 때문에 하지 않아도 된다.

그러나 그렇게 하면 외국 세액 공제를 받을 수 없다. 외국 세액 공제에 대해서는 뒤에서 자세히 설명하겠다.

다음으로 특정 계좌에서 원천징수 없음을 선택한 경우, 혹은 일반 계좌를 선택한 경우다.

매각 차익에 대한 세금은 확정 신고 시 신고 분리 과세로 취급된다. 하지만 배당금에 대해서는 원천 분리 과세로 취급하기 때문에 임의로 확정 신고를 할 수 있다. 마찬가지로 외국 세액 공제를 받고 싶은 사람은 확정 신고를 한 후에 종합 과세나 신고 분리 과세 중 하나를 고른다. 만약 확정 신고를 하지 않는 경우, 외국 세액 공제를 받을 수 없다.

외국 세액 공제는 이중 과세를 조정하기 위한 제도다. 미국 주식투자로 얻은 수익 중에 매매 차익은 원칙적으로 미국에서 과세되지 않는다. 하지만 일본 국내에서는 일본 주식과 마찬가지로 매매 차익의 20.315%가 과세된다.

한편, 미국 주식의 경우 배당금에 대한 세금은 미국과 일본 양쪽에서 과세된다. 이를 이중 과세라고 한다. 특정 계좌(원천징수 있음/원천징수 없음)나 일반 계좌를 고른 경우도 배당금은 모두 동일하게 미국에서 10%, 일본에서 20.315%라는 이중 과세가 발생한다.

다만 확정 신고를 하면 외국 세액 공제를 받을 수 있다. 즉, 외국에서 납부한 세금을 일본의 소득세나 주민세에서 차감하여 실질 세율은 일본 측 세율인 20.315%만 부담하게 된다.

물론 확정 신고는 임의다. 일일이 확정 신고를 하기가 번거로운 사람은 미국에서 과세된 10%를 포기하는 선택지도 있다.

10%가 엄청난 금액일 정도로 거액 투자를 하는 사람이라면 외국 세액 공제를 적극적으로 활용할 만하다. 그러나 소액 투자자라면 확정 신고에 드는 수고를 고려했을 때, 굳이 외국 세액 공제를 받지 않아도 될 수 있다.

장기 보유에
정성을 쏟아라

미국 주식 투자에 성공하기 위해 짚고 넘어가야 할 포인트들을 여기서 몇 가지 설명하고자 한다.

먼저 장기 보유를 원칙으로 삼자.

그 이유는, 이 책 제2장에서 언급했듯이 미국 경제가 앞으로도 지속적으로 성장할 가능성이 매우 높기 때문이다. 미국은 인구가 계속 늘 전망이며, 전 세계에서 뛰어난 젊은 인재들이 배움을 위해 미국으로 모여든다. 그리고 그 우수한 두뇌가 다시 기업의 성장을 이끄는 에코시스템이 기능하고 있다.

그와 더불어 미국은 세계 최강의 군사력을 보유하고 있으며, 사용 언어인 영어는 국제 공용어다.

미국의 통화인 미국 달러는 세계의 기축 통화로써 각종 무역 결제에 활용된다. 또한 법치국가라서 갑자기 표현의 자유가 봉쇄

되는 일도 없다.

이 정도로 여러 강점을 가진 나라는 세계를 둘러봐도 거의 없다. 물론 많은 인구를 무기로 삼아 중국이 경제력을 키우며 떠오른 것은 사실이다.

그러나 정치적으로는 공산당 일당 독재이며, 그들이 홍콩을 대했던 행위를 떠올려 보면 미국을 비롯한 세계의 자유주의 진영이 공산당 일당 독재 아래에 몸집을 불리고 있는 중국을 그대로 두고 보지는 않을 것이다.

이러한 요소들을 종합해 보면, 미국 경제의 성장은 아직 당분간 계속될 것이라 보는 것이 타당하다. 그렇기에 필자는 미국 주식에 장기 투자하라고 권하는 것이다.

물론 단기 매매로 큰 이익을 얻는 개인 투자자들도 있다. 하지만 그런 사람들은 어디까지나 한줌에 불과하다.

그렇다면 왜 단기 매매가 어려울까?

그 이유는 두 가지로 생각할 수 있다.

첫째, 단기 매매에서 꾸준히 이익을 내기 위해서는 매수와 매도의 타이밍을 잘 잡아야 한다.

이때 기술적 분석에 의지하게 된다. 그러나 매매 타이밍을 100% 확실하게 맞혀줄 수 있는 기술 분석은 존재하지 않는다. 재현성이 떨어진다. 만약 기술적 분석대로만 매매해서 반드시 돈을

벌 수 있다면, 이 세상에는 억만장자가 차고 넘치게 될 것이다.

실제로 직접 기술적 분석을 활용해 단기 매매에 시도해 보면 안다.

당연히 맞을 때도 있겠지만, 거래를 지속할수록, 그러니까 거래 횟수가 늘어날수록 손실도 점점 커질 것이다.

둘째, 투자자에게 흔히 보이는 심리 문제다.

손실은 피하고 조금이라도 더 이익을 얻고 싶어 하는 마음은 누구나 갖고 있다. 그러다 보니 조금만 이익이 나면 서둘러 확정하려는 심리가 발동한다.

그런데 손해는 보고 싶지 않은 탓에 자신이 매수한 가격보다 떨어졌는데도 쉽게 손절을 하지 못한다.

'언젠가는 오르겠지'라는 근거 없는 기대감을 품고 버티다가 점점 손실이 커지게 되는 것이다.

결국에는 차곡차곡 쌓아 올린 이익을 한 번의 큰 손실로 날려 버리는 상황이 반복되다 보면, 이익은커녕 손실만 걷잡을 수 없이 불어나는 바람직하지 못한 상황에 빠지기 쉽다.

물론 손절을 제대로 할 수 있다면 단기 매매에서도 이익을 올릴 수 있다. 그러나 그러기 위해서는 상당한 경험과 학습이 필요하다. 그 경험도 대부분은 성공 체험이 아니라 실패에서 배워가는 것이다. 여러 번의 실패에도 굴하지 않을 만큼 단단한 멘탈이 있어야만 가능하다.

이와 달리 장기 투자는 미래의 장기적인 경제 성장이 기대되는 국가의 주식시장에 투자해 두고, 그대로 놔 두면 이익이 쌓이는 투자법이다.

만약 종목 선택에 자신이 없거나 번거롭게 느껴진다면, S&P500 같은 주가지수에 연동된 ETF만 매수해도 충분한 수익을 기대할 수 있다.

물론 개별 종목을 잘 선별해서 투자하면 더 높은 수익을 올릴 가능성이 점점 더 커진다.

자신의 리스크
허용도를 알아라

　미국 주식에 대한 장기 투자는 매우 간단하면서도 성공 가능성이 가장 높은 투자법이다. 그러나 반드시 지켜야 할 원칙이 하나 있다. 바로 자신의 리스크 허용도를 아는 것이다.

　미국 주식이 앞으로도 꾸준히 오를 것이라는 개연성을 가졌다 하더라도, 웬일인지 많은 사람은 중간에 매도해 버린다. 특히 주가가 급락한 직후 반등장에 접어드는 길목에서 그런 행동이 두드러진다. 왜냐면 공포심에 휩싸이기 때문이다.

　그렇다면 왜 사람들은 공포심에 휩싸일까? 그것은 바로 자신이 허용할 수 있는 리스크 수준에 맞지 않는 투자를 하고 있기 때문이다.

　주가가 급락했을 때 평정심을 유지할 수 있는 사람은 거의 없다. 예를 들어 증권사 계좌를 열어보니 보유 자산 평가액이 하루

아침에 100만 엔이나 줄어 있다면, 아마 침착하게 행동할 수는 없을 것이다. 많은 투자자는 그 순간 주식에 투자한 사실을 격하게 후회하며, 어떻게든 빨리 이 손실의 늪에서 벗어나려고 머리를 굴린다. 그래서 주가가 어느 시점에서 바닥을 찍고 다시 서서히 반등하는 시점에서, 손실 금액이 어느 정도 이해가 가는 부분까지 줄어들거나 본전 수준에 도달하는 순간 매도해 버린다.

이래서야 장기 투자는 불가능하다. 앞서 언급했듯이, 미국 주식시장은 여러 차례 큰 폭락을 경험했다. 먼 옛날인 1929년에 대공황이 있었다. 최근 몇십 년 사이에도 1987년의 블랙먼데이, 2000년의 IT 버블 붕괴, 2008년의 리먼 브라더스 사태가 있었고, 2020년 3월에도 코로나 쇼크로 급락했다.

하지만 곰곰이 생각해 보자. 주가가 급락할 때마다 '100년에 한 번 오는 대폭락', '미국 증시의 종말' 같은 헤드라인이 신문과 잡지를 장식하곤 했지만, 결국에는 급락한 만큼 채운 뒤에 오히려 사상 최고치를 계속 경신해 왔다.

그렇다면 어떻게 해야 주가가 급락했을 때도 평정심을 유지하며 투자한 주식을 끝까지 붙들고 있을 수 있을까?

첫째는 미국 경제와 주식시장, 그리고 미국 기업의 실력을 얼마나 신뢰할 수 있는가에 달려 있다. 이것은 거듭해서 강조해 온 부분이다. 필자는 미국 경제가 앞으로도 꾸준히 성장하리라 보고 있으며, 미국 기업들 역시 세계 최강의 경영 체질을 갖추고 있다고 믿는다. 이러한 전제가 깔려 있는 한, 주가가 급락하더라도 언젠가는 반드시 회복하고, 나아가 더 높은 수준으로 올라갈 가능성이 크다고 볼 수 있는 것이다.

둘째는 자신의 리스크 허용도를 아는 것이다. 리스크 허용도란, 곧 '어느 정도까지 손실을 견딜 수 있는가'를 뜻한다.

이는 사람마다 천차만별이다. 어떤 사람은 10만 엔만 잃어도 하얗게 질려 벌벌 떨지만, 어떤 사람은 수백만 엔 단위를 잃어도 태연하다. 이러한 차이는 타고난 성질만으로 생기는 것은 아니다. 보유 금융 자산 규모, 연령, 가족 구성 등 다양한 요소가 얽히고설켜 이루어진다고 볼 수 있다.

예를 들어, 젊은 독신에 상당한 금융 자산을 보유한 사람이라면 리스크 자산에 대한 배분 비율을 꽤 높게 가져가도 무리가 없다. 독신이라 자녀 교육비를 비롯해 가족을 위해 생활비를 벌어야 한다는 부담이 크지 않을 테고, 젊은 나이에 보유 자산도 충분하다면 설령 단기간에 큰 손실을 보더라도 다시 주가가 회복될 때까지 시간에 여유를 갖고 기다릴 수 있기 때문이다.

반대로 50대에 자녀 둘이 대학에 다니고 주택 담보 대출도 남아 있으며, 보유 금융 자산이 1,000만 엔도 채 되지 않는다면 리스크 허용도는 낮을 수밖에 없다.

이처럼 자신의 처지와 상황을 고려해 리스크 허용도를 가늠할 수 있다. 혹은 단순히 '내가 얼마를 잃어야 밤잠을 설칠 정도로 괴

로울까?'를 스스로에게 물어 점검해 보는 것도 좋은 방법이다.

만약 10만 엔을 한 번에 잃었는데 밤에 잠을 이루기 힘들었다면, 그에 걸맞은 금액 이상을 주식에 투자해서는 안 된다. 예를 들어 테슬라 주가의 경우 심할 때는 1년 사이에 40% 가까이 조정을 받는 경우도 있다.

10만 엔을 잃고 밤잠을 설칠 정도라면, 테슬라 주식에 투자할 경우 최대 투자 금액은 25만 엔을 넘지 않아야 한다. 하지만 50만 엔까지는 손실을 보더라도 버틸 수 있는 사람이라면 최대 투자 금액을 125만 엔까지 늘릴 수 있다.

또한 S&P500의 고점 대비 하락률을 살펴보면, 1987년 블랙먼데이, 2000년 닷컴 버블 붕괴, 2008년 리먼 브라더스 사태, 2020년 코로나 쇼크 때처럼 30~50% 이상 급락한 시기도 있었다. 그러나 1979년 12월 31일부터 2023년 12월 21일까지의 기간을 계산해 보면, 평균 하락률은 10% 수준에 불과했다. 그리고 이 기간 동안 S&P500은 무려 44배 상승했다.

가끔씩 큰 폭락를 몇 차례 넘기면서 끝까지 보유했다면, 44배라는 엄청난 결실을 얻을 수 있었던 것이다. 결국 리스크 허용도에 맞는 금액으로 투자한다면, 주가가 급락해도 허둥지둥 매도하지 않고 버티다가 장기투자로 이어질 수 있다.

분산투자에
정성을 기울여라

자산 운용을 할 때는 가장 기본이 되는 분산투자에 정성을 기울이자.

분산투자에는 두 가지 의미가 있다. 하나는 여러 자산 클래스에 나누어 투자를 하거나, 혹은 같은 자산 클래스 안에서 여러 개의 종목에 분산하는 '자금 분산'이다. 그리고 다른 하나는 매수 타이밍을 나누어 투자하는 '시간 분산'이다.

자금 분산은 다음 장에서 다루기로 하고, 이 장에서는 시간 분산을 설명하려고 한다.

간단히 말해 적립식 투자가 시간 분산의 대표적인 방법이다. 예를 들어 NISA로 미국 주식을 매수하는 경우, 성장 투자형의 비과세 한도는 총 1,200만 엔이고 연간 투자 한도는 240만 엔이다. 따라서 최대 한도로 투자하더라도 1,200만 엔을 채우려면 5년이 걸린다.

그러니까 의도하지 않더라도 시간을 분산할 수밖에 없는 구조다.

그렇다면 왜 시간을 분산해야 할까? 그것은 바로 주가의 상한치와 하한치를 정확히 판단할 수 없기 때문이다. 싸다고 생각해 매수했더니 그 후에 주가가 떨어지는 경우는 비일비재하다. 그렇기 때문에 주식이나 투자신탁을 매수할 때는 수중에 있는 100만 엔을 한꺼번에 투자하지 말고, 예를 들어 20만 엔씩 다섯 번에 나누어 투자하는 편이 현명하다.

분산 횟수는 최소 3회, 가능하다면 5회 이상으로 나누는 것이 좋다. 예를 들어 투자금 100만 엔을 다섯 번에 나누어 매수한다면, 1회당 매수 금액은 최대 20만 엔이다. 물론 주가와 환율은 항상 변동하기 때문에 매번 꼭 20만 엔에 맞게 매수할 수는 없다. 하지만 최대한 상한 금액에 가까운 금액으로 매수하는 것이 좋다.

또한 5회에 걸쳐 매수한다면 그 기간을 어느 정도로 잡을 것인가도 고민할 부분이다. 만약 100만 엔을 다섯 번에 나눈다면, 영업일 연속 5일 동안 매수하는 접근도 괜찮아 보인다.

참고로 미국 주식은 일본 주식과 달리 1주 단위로 거래할 수 있다. 따라서 비교적 소액으로도 시간 분산투자가 가능하다. 특히 주가 변동성이 큰 종목일수록 한 번에 큰 금액을 매수하면 고점에 물릴 가능성이 크기 때문에, 반드시 시간 분산을 염두에 두고 매수하는 습관을 들이도록 하자.

미국
주식
투자

미국 주식과 신흥국 주식으로
포트폴리오를 채워라

앞서 말했듯이, 앞으로 자산 형성을 하는 데 필요한 포트폴리오는 S&P500, NASDAQ100, 신흥국(이머징)을 조합한 SNE만 따라가면 충분하다.

물론 요즘 유행하는 '올 컨트리(All Country)'가 나쁘다는 뜻은 아니다. 코어-위성 전략을 짤 때, 전 세계 주식시장에 분산투자한 것과 비슷한 투자 효과를 기대할 수 있는 올 컨트리는 코어 포트폴리오에 포함시키기에 좋은 선택지다. 다만, 포트폴리오에 더 높은 성장을 기대한다면 필자는 SNE 포트폴리오를 권하고 싶다.

이 장에서는 코어 포트폴리오와 위성 포트폴리오로 나누어, 오랫동안 보유할 수 있는 종목을 살펴보고자 한다.

이는 미국 주식에만 해당하는 이야기가 아니라, 일본 주식도 마찬가지다. 주식 투자로 자산을 불리려면 결국 '오랫동안 보유하는 것'이 중요하다. '주식에 투자를 하긴 하는데 돈이 불어나질 않아', '맨날 잃기만 해'라며 한탄하는 사람들에게 물어보면, 대부분은 고점에서 사고 저점에서 파는 경우가 무척이나 많다.

주식은 본래 가격이 시시각각 변동한다. 그래서 매수 직후가 단기적으로 고점일 수도 있다. 그리고 고점에 오른 주가는 거의 예외 없이 떨어진다. 이때 많은 투자자가 하락을 견디지 못하고 매도하기 때문에 결국 고점 매수·저점 매도라는 최악의 패턴을 반복하게 된다. 이래서는 자산 형성은커녕 자산을 갉아먹는 결과를 낳을 뿐이다.

여러 차례 언급했지만, 미국 경제는 앞으로도 세계 경제를 선도하며 성장할 개연성을 인정받고 있고, 그 성장을 지속할 수 있는 견고한 에코시스템을 이미 갖추고 있다.

이런 미국 경제의 힘을 신뢰한다면, 설령 고점에서 매수해 주가가 떨어지더라도 그냥 갖고 있기만 하면 된다. 묵묵히 계속 들고 있는 것, 그것이 바로 미국 주식 위주의 SNE 포트폴리오를 운용할 때 최적의 해법이다.

다만, 계속해서 들고 있으려면 주의할 점이 한 가지 있다. 바로 파산 우려가 없으며 장기적으로 성장 가능성이 높은 기업에 투자해야 한다는 점이다.

이 장에서 소개하는 22개 종목은 그 조건에 부합한다고 판단되는 기업들을 엄선한 것이다.

그리고 이 종목들에 투자할 때는 매수 직후 곧바로 주가가 오르지 않더라도 그냥 들고 있어야 한다. 매수한 시점이 언제나 최적의 타이밍일 수는 없으며, 오히려 그렇지 않은 경우가 훨씬 많기 때문이다.

따라서 투자할 때는 여러 차례에 걸쳐 나누어 매수하도록 하자. 투자신탁의 적립 투자형처럼 다달이 소액 자금으로 구입할 필요는 없으니, 몇 차례에 나누어 매수하도록 하자.

코어 포트폴리오는 ETF로

ETF는 Exchange Traded Fund의 약자로, 우리말로 풀면 '거래소에서 자유롭게 사고 팔 수 있는 투자신탁'이다. 펀드 자체가 증권거래소에 상장되어 있어, 주식과 마찬가지로 거래소가 열려 있는 동안 그때그때의 시장 가격으로 매매할 수 있다.

그렇지만 이 책에서는 단기 트레이딩을 권하지 않는다. 따라서 '시장 가격으로 자유롭게 매매할 수 있다'는 말은 언제든 팔 수 있다는 심리적 안정감 정도로만 생각하면 된다. 코어 포트폴리오에 편입하는 ETF는 애초에 자주 사고팔 필요가 없고, 계속 갖고 있겠다는 태도를 유지하면 된다.

ETF의 장점은 낮은 운용 비용(운용 보수, Expense Ratio)이다. 보유하는 동안 자동으로 비용이 차감되지만, 그 비율이 낮기에 장기 보유를 하더라도 수익률이 크게 깎이지 않는다. 이런 특성 덕분에 ETF는 코어 포트폴리오에 넣기에 최적이라 할 수 있다.

그런데 ETF는 종류가 매우 많다. S&P500이나 NASDAQ100 같은 대표 지수에 연동하는 ETF뿐만 아니라, 테마, 업종, 기업 규모에 따라 다양한 종류의 ETF가 갖추어져 있다.

얼마나 많은가 하면, 뉴욕 증권거래소에 상장된 ETF만 해도 2,000개가 넘을 정도다.

'2,000개나 되는 종목 중에 대체 뭘 사란 말이야?'라는 목소리가 들리는 듯하지만, 걱정할 일이 아니다. 틈새 종목도 많겠지만, 우리는 어디까지나 코어 포트폴리오 구축이라는 목적을 잊어서는 안 된다. 즉, S&P500, NASDAQ100, 신흥국(이머징)에 연동하는 ETF를 각각 하나씩, 총 세 개만 보유하면 충분하다. 고민할 필요는 전혀 없다.

그렇다면 실제로 어떤 ETF들이 있는지 살펴보자.

S&P500

S&P500은 미국을 대표하는 시가총액 상위 500개 기업으로 구성된 주가지수다. 따라서 시가총액이 큰 기업의 주가 변동이 지수에 큰 영향을 미친다. 이 지수만으로도 미국 주식시장 전체의 시가총액 가운데 약 70%를 커버한다. 구성 종목은 기본적으로

연 4회, S&P 다우존스 지수위원회의 심사를 통해 교체된다.

S&P500에 연동하는 ETF에는 다음과 같은 상품들이 있다.

참고로 괄호 안의 알파벳 세 글자는 '티커 코드'라 불리는 종목 코드다.

- SPDR 포트폴리오 S&P500 ETF (SPLG)
- 뱅가드 S&P500 ETF (VOO)
- 아이셰어즈 코어 S&P500 ETF (IVV)

예를 들어, 'SPDR 포트폴리오 S&P500 ETF(SPLG)'는 2024년 9월 말 시점에서 1주당 약 68달러에 거래되고 있다. 환율을 1달러=150엔으로 계산하면, 약 1만 200엔 정도에 투자할 수 있는 셈이다. 또한 운용 보수(Expense Ratio)는 연 0.02%에 불과해, 지극히 저렴한 수준이다. 참고로 이 ETF를 운용하는 스테이트 스트리트(State Street)는 S&P500 지수에 연동하는 ETF를 1993년에 처음으로 상장시킨 회사로도 잘 알려져 있다.

NASDAQ100

NASDAQ100은 금융 섹터를 제외한 시가총액 상위 100개 기업으로 구성되어 있다. NASDAQ 종합지수의 시가총액 중 약

74%를 차지하며, 섹터별 비중을 보면 인터넷 28%, 소프트웨어 10%, 컴퓨터 14%, 반도체 12%로 테크놀로지 관련 종목이 64%를 점유한다.

만약 NASDAQ 시장 전체의 움직임을 추적하고 싶다면, 원래는 NASDAQ 종합지수에 연동하는 ETF를 매수하면 된다. 하지만 아쉽게도 현시점에서는 NASDAQ 종합지수에 직접 연동하는 ETF는 운용되지 않는다. 따라서 NASDAQ100에 연동하는 ETF를 대안으로 활용한다.

NASDAQ100에 연동하는 ETF는 다음과 같다.

●인베스코 QQQ 트러스트 시리즈 1 (QQQ)

이 ETF의 운용 보수(Expense Ratio)는 연 0.2%로, S&P500 ETF에 비해 다소 높은 편이다.

다만, NASDAQ100은 테크놀로지 종목의 비중이 매우 높아 S&P500보다 주가 변동성이 크다. 따라서 상승 국면에서는 수익률이 크게 오르는 경우가 많아, 상대적으로 비용 부담은 크지 않다고 볼 수 있다. 물론 변동성이 크다는 것은 상승뿐 아니라 하락 국면에서도 낙폭이 크다는 뜻이므로, 그만큼 리스크가 크다는 점은 반드시 유념해야 한다.

MSCI 신흥국 지수(MSCI Emerging Markets Index)

MSCI 신흥국 지수(MSCI Emerging Markets Index)는 MSCI가 발표하는, 신흥국 주식시장을 대상으로 한 주가지수다.

국가별 비중을 보면, 총 24개국 가운데 중국 37.54%, 대만 14.56%, 한국 13.41%, 인도 9.36%, 브라질 4.61%, 그리고 기타 19개국이 20.53%를 차지한다. 기본적으로 대형주와 중형주가 편입되어 있다.

이 지수를 추종하는 대표 ETF는 다음과 같다.

● 아이셰어즈 MSCI 이머징 마켓 ETF (EEM)

운용 보수(Expense Ratio)는 연 0.70%로, 신흥국 주식은 선진국 주식보다 거래 비용이 높기 때문에 앞서 본 NASDAQ100 ETF보다 비용 부담이 다소 큰 편이다.

편입 상위 종목에는 TSMC(대만 반도체), 텐센트, 삼성전자, 알리바바 등, 신흥국이지만 아시아를 대표하는 글로벌 테크놀로지 기업들이 중심을 이루고 있다.

또한 아이셰어즈는 세계 최대 자산운용사인 블랙록(BlackRock)의 브랜드이기도 하다.

위성 포트폴리오는 개별주

아마 이 부분에 관심을 갖는 투자자도 많을 것이다.

앞서 설명했듯이 코어 포트폴리오는 S&P500, NASDAQ100, MSCI 이머징 마켓 인덱스에 연동하는 ETF만으로도 충분히 구축할 수 있다. 필요 이상으로 위험을 감수하고 싶지 않다면, 이 세 가지 ETF만 가지고 운용해도 충분하다. 이것만으로도 세계 경제 성장률에 더해 플러스알파의 수익을 기대할 수 있다.

하지만 사람 마음이란 묘해서, 이렇게 정석적으로 포트폴리오를 꾸려 오랫동안 운용하다 보면, 어느 순간 색다른 맛을 추가해 보고 싶다는 생각이 든다.

실제로 오랜 기간 올 컨트리 같은 인덱스 펀드로만 자금을 굴려온 투자자도, 시장의 흐름에 익숙해지면 차츰 개별 종목을 곁들여 보고 싶어 한다는 이야기를 자주 듣는다. 그런 사람들은 코어 포트폴리오는 그대로 두고, 위성 포트폴리오에 개별 종목이나 조금 특색 있는 ETF를 더해보는 것이 어떨까.

하지만 2024년 9월 시점 기준, 미국 주식시장에 상장된 종목 수만 4,642개에 달한다. 이 중에서 어떤 종목을 골라야 할지 막막할 것이다.

그래서 여기서는 '만약 위성 포트폴리오에 추가한다면 이런 종목은 어떨까?'라는 관점에서, 오랫동안 보유할 수 있는 개별 종목들을 엄선해서 소개하려고 한다.

여기서 말하는 개별 종목은 미국 주식시장에 상장되어 있는 종목들이지만, 그중에는 ADR을 통해 투자할 수 있는 신흥국 기업도 포함된다. ADR이란 'American Depositary Receipt'의 약자로, 미국 예탁 증권을 말한다.

이는 미국 주식시장에서 미국 외 기업의 주식을 매매할 수 있도록 만든 증권이다. 예탁 기관이 미국 외 기업의 주식을 보관하고, 그 대신 발행되는 유가 증권으로 보면 된다. 일본 기업만 해도 소니, 교세라, 파나소닉, 토요타, 다케다제약 등이 ADR을 발행해 미국 시장에 상장돼 있다.

이러한 ADR을 포함해, 위성 포트폴리오에 편입하기 좋은 개별 종목 후보들을 몇 가지 제안해 보겠다.

하이코 코퍼레이션(HEI)

 2024년 8월, 워런 버핏이 이끄는 버크셔 해서웨이가 하이코의 주주로 이름을 올렸다. 필자 역시 두 차례 정도 직접 회사를 방문해 취재를 한 적이 있다.
 매우 흥미로운 기업이다. 어떤 의미에서는 주주인 버크셔 해서웨이와 유사한 비즈니스 모델을 갖고 있기도 하다.
 어떤 면에서 버크셔 해서웨이와 유사한지는 나중에 설명하기로 하고, 우선 이 회사가 어떤 사업을 하고 있는지 소개하겠다.
 하이코는 항공기 부품과 전자기기 제조사다. 항공기 부품은 플라이트 서포트그룹(FSG)이, 전자기기는 일렉트로닉 테크놀로지그룹(ETG)이 담당한다.
 먼저 항공기 부품을 다루는 FSG에 대해 설명하겠다. 항공기에 사용되는 각종 부품은 시간이 지나면 자연스럽게 마모되기 때문

하이코 코퍼레이션(HEI) 실적 예상

결산	매출	영업이익	세전 이익	EPS	1주 배당
19.10	2,055	457	437	2.39	0.14
20.10	1,787	376	364	2.29	0.16
21.10	1,865	392	387	2.21	0.17
22.10	2,208	496	491	2.55	0.18
23.10	2,968	625	555	2.91	0.20
24.10 (예정)	3,895	835	686	3.66	0.22
25.10 (예정)	4,238	938	828	4.30	0.24

(단위: 백만 달러)

에 정기적으로 교환을 해 줘야 한다. 보통은 항공기 제조사인 보잉이나 에어버스에서 이런 교환 부품을 사는데, 하이코가 공급하는 교체 부품은 가격이 저렴하다는 장점이 있다.

물론 가격만 저렴한 것이 아니다. 하이코의 부품은 미국 연방항공국(FAA)의 인증을 받은 제품으로, 품질에서도 전혀 손색이 없다. 참고로 하이코는 지금 항공기 교환용 부품 분야에서 세계 최상급에 있는 회사다.

하이코의 또 다른 축인 ETG에서는 우주, 방위, 의료, 통신 관련 애프터마켓 부품을 다룬다. 항공기 교환 부품은 세계 선두급이지만, 특정 산업의 의존도를 낮춰서 시장 변동에 대한 경영 리스크를 줄이기 위해 ETG를 통해 제품 포트폴리오를 다변화하는 것이다.

특히 이 다변화 전략은 니치 분야에서 독자적인 기술력을 가진 기업을 인수·합병(M&A)하는 방식으로 추진한다. 하이코가 버크셔 해서웨이와 닮았다는 부분이 바로 이 부분이다. 인수한 기업의 경우, 경영진에게 발행주식의 약 20%를 인센티브로 주게 하여 동기를 부여한 상태에서 사업을 이어가게 하는 것이다. 사실 버크셔 해서웨이는 2024년 8월에 하이코의 주식 100만 주를 신규로 취득했다고 발표했다.

항공기 관련 사업, 특히 여객기 관련 사업은 코로나 팬데믹 기간 심각한 상황에 몰렸지만, 이제 코로나가 종식되면서 앞으로는 다시 항공기 수요가 높아질 것이다. 또한 노후 항공기가 늘어날수록 교환 부품 시장의 수요가 많아질 전망이니, 앞으로 더 큰 성장이 기대된다.

실적을 보더라도, 하이코의 매출은 코로나 이전인 2019년 10월 결산에서 20억 5,500만 달러였으나, 팬데믹 직후인 2020년에는 17억 8,700만 달러까지 줄어들었다. 그러나 팬데믹이 끝난 2023년 10월 결산에서는 29억 6,800만 달러로 완전히 회복했으며, 2025년 10월 결산에서는 42억 3,800만 달러에 이를 것으로 전망된다.

보잉(BA)

현재 민간 항공기를 제조하는 기업은 보잉과 에어버스단 두 곳 뿐이다.

이 책은 미국 주식 투자에 초점을 맞추고 있기 때문에 여기서는 보잉을 소개하려고 한다.

보잉 하면 아마 대부분 제트 여객기를 먼저 떠올리겠지만, 실제로는 군용기, 인공위성, 우주선, 방위용 미사일까지 폭넓은 사업을 전개하고 있다. 사업 규모로 보면 명실상부 세계 최대급의 항공기 제조사인 셈이다.

과거에는 맥도널 더글라스라는 경쟁사도 존재했지만, 보잉은 1997년 인수를 통해 사업 규모를 단숨에 확대했다. 민간 항공기 분야에서는 에어버스와 시장을 양분하고 있으며, 화물기 부문에서는 무려 세계 점유율의 90%를 차지한다. 게다가 군용기, 전자방

보잉(BA) 실적 예상

결산	매출	영업이익	세전 이익	EPS	1주 배당
19.12	84,818	-1,975	-2,259	-3.47	8.22
20.12	58,656	-12,767	-14,476	-23.25	—
21.12	62,286	-2,870	-5,033	-9.44	—
22.12	66,608	-3,519	-5,022	-11.06	—
23.12	77,794	-773	-2,005	-5.81	—
24.12(예정)	69,843	-7,080	-1,418	-14.47	—
25.12(예정)	86,857	3,613	3,985	1.00	0.02

(단위: 백만 달러)

위 시스템 같은 보안 관련 분야, 인공위성 등 우주 사업에서도 입지를 다지고 있다.

이렇게 사업 영역이 매우 넓다는 점이 보잉의 장점인 동시에, 최근에는 미국과 일본을 비롯해 방위 예산을 확대하는 나라가 늘어나면서 그 수요를 확실히 잡고 있다. 이러한 흐름 역시 보잉의 실적 향상을 뒷받침하는 요인이 되고 있다.

보잉 역시 코로나 시기에는 매우 경영 상황이 매우 심각했다. 특히 2020년 12월 결산에서는 전기 매출인 848억 1,800만 달러에서 약 31% 감소한 586억 5,600만 달러를 기록했고, 순이익은 118억 7,300만 달러의 적자로 추락했다.

코로나뿐 아니라 737 MAX 8 기종의 추락 사고도 실적에 큰 타격을 주었다. 이 기체는 2016년 첫 비행에 성공했으나, 2018년

10월에 인도네시아의 라이온에어, 2019년 3월에는 에티오피아항공이 각각 자동 조종 시스템 결함으로 추락 사고를 일으키면서 일시적으로 운항이 중단된 바 있다.

그러나 이후 실적은 점차 회복세를 보이면서 2023년 12월 결산 매출은 777억 9,400만 달러로 늘었다. 순이익은 여전히 적자였지만, 그래도 22억 2,200만 달러까지 손실 폭이 줄었다. 그리고 2025년 12월 결산에서는 매출 868억 5,723만 달러, EPS(1주당 이익)는 1달러의 흑자 전환이 예상된다.

중장기적으로 봐도 보잉의 실적은 착실히 성장할 가능성이 있다. 왜냐면 세계 인구는 앞으로도 늘어날 전망이기 때문이다.

유엔 추계에 따르면, 2050년 세계 인구는 97억 명에 달할 전망이다.

인구가 증가하고 거기에 신흥국의 소득이 늘어나면, 지금까지 해외여행에 가지 못했던 사람들이 해외로 나가게 된다. 그렇게 되면 여객기 수요는 한동안 증가 추세를 보일 것으로 예상된다. 어디까지나 예측이지만, 2011년부터 2040년까지 전 세계적으로 약 43,000대의 항공기 수요가 발생할 것으로 추산된다.

또 하나 주목할 점은 배당 재개 가능성이다. 보잉은 경영 악화로 2020년 12월 이후로 배당을 중단했지만, 2025년 12월 결산부터 복원할 계획이다. 일부 펀드는 배당 지급을 받지 못하는 기업에 투자하지 못한다는 조건이 있다. 만약 보잉이 배당을 재개한다면,

이러한 펀드의 편입도 기대할 수 있게 된다. 실적으로 보나 주가로 보나, 앞으로 성장이 기대된다. 보잉은 2024년 10월 말 기준 최소 100억 달러 규모의 신주 발행을 계획하고 있다.

발행이 완료된다면, 보잉 주가는 최악의 시기를 벗어났다고 평가할 수 있을 것이다.

코스트코 홀세일(COST)

코스트코는 일본에도 매장이 있어 이미 익숙한 분들이 많을 것이다. 미국을 중심으로 전 세계에서 창고형 대형 할인점을 운영하는 소매업체로, 업계 시가총액 기준으로는 아마존닷컴에 이어 세계 2위 규모를 자랑한다.

코스트코의 매출은 2023년 8월 결산 기준 2,422억 9,000만 달러, 순이익은 62억 9,200만 달러에 달했다. 취급 품목은 식품을 중심으로 가구, 생활가전, 잡화, 주류, 장난감, 디지털 기기, 아웃도어 용품 등 매우 다양하다. 솔직히 개별 상품의 이익률은 그렇게 높지 않다. 애초에 대량 매입을 통한 스케일 메리트(규모의 이익)를 활용해 저렴하게 판매하기 때문이다. 대신 회전율을 높임으로써 재고 부담을 최소화하도록 전략을 짠다.

코스트코는 또한 자체 브랜드 '커클랜드 시그니처(Kirkland

코스트코 홀세일(COST) 실적 예상

결산	매출	영업이익	세전 이익	EPS	1주 배당
20.8	166,761	5,435	5,367	9.02	2.65
21.8	195,929	6,708	6,680	11.22	2.89
22.8	226,954	7,793	7,840	13.14	3.27
23.8	242,290	8,114	8,487	14.16	3.72
24.8	254,453	9,285	9,740	16.56	19.41
25.8(예정)	273,229	10,347	10,671	17.88	4.70
26.8(예정)	291,123	11,406	11,771	19.71	4.80

(단위: 백만 달러)

Signature)' 사업도 전개한다. 휴지 용품, 생수·음료, 스낵·견과류, 초콜릿, 와인, 반려동물용품, 의류, 신발, 가방, 골프용품까지 매우 폭넓은 라인업을 자랑한다. 이 자체 브랜드는 다른 제품들보다 마진을 높게 설정하면서도, 소비자들에게는 고품질을 강조한다.

다른 상품들은 저가 전략을 통해 이익률이 다소 낮다 하더라도, 커클랜드 시그니처로 마진을 높여 수익성을 보완하는 것이다.

코스트코는 미국에서 주유소를 함께 운영하는 매장이 많다. 게다가 일반 주유소보다 저렴한 가격으로 기름을 제공한다. 미국인들은 차를 많이 소유하기 때문에 소비자들은 조금이라도 저렴한 기름을 찾아 코스트코에 갔다가 자연스럽게 쇼핑까지 하는 라이프스타일이 정착되고 있다.

나아가 상품 판매뿐 아니라 각종 서비스도 제공한다. 여행 서비스, 자동차 보험 같은 금융 서비스 등 다양한 회원 전용 서비스가 있다.

코스트코에 모이는 고객들은 높은 충성도를 가졌다. 아마 그 충성도는 회원제에서 나오는 것 같다.

사실 코스트코의 가장 큰 수입원은 회원이 되기 위해 고객들이 내는 연회비다. 코스트코는 회원제로 운영되는 소매업체라서, 쇼핑하려면 반드시 회원으로 가입해야 한다. 이는 미국 외의 다른 나라들도 마찬가지다. 참고로 미국의 경우 개인 회원의 연회비는 연간 60달러이고, 비즈니스 회원은 120달러다. 게다가 회원은 매년 갱신해야 하지만, 갱신율은 90%를 웃돈다. 이 구조가 코스트코에 안정적인 현금 흐름을 만들어 준다.

2023년 기준 회원 연회비 수입은 45억 달러나 된다. 여기서 다시 한번, 앞에서 언급한 코스트코의 매출과 순이익을 떠올려 보자. 2023년 8월 결산 때 순이익은 약 62억 9,200만 달러였으니, 순이익의 70% 이상이 연회비에서 발생한 셈이다.

코스트코의 실적은 앞으로도 안정적인 성장이 예상된다. 2025년 8월 결산 기준으로 매출은 2,732억 2,900만 달러이며, EPS(주당순이익)은 17.88달러로 전망된다.

신흥국 주식

그루포 에어로포르투아리오 수레스테(ASR)

그루포 에어로포르투아리오 수레스테(ASR)는 멕시코를 기반으로 한 공항 운영 회사다. 앞에서 설명한 ADR 방식을 통해 미국 증시에 상장되어 있다.

상장은 미국에서 되어 있지만, 본사는 멕시코에 있으므로, 신흥국 투자 범주에 속한다고 보면 된다. 따라서 이 기업에 투자할 때는 어디까지나 위성 포트폴리오에 편입하는 것을 전제로 둬야 한다.

우리는 멕시코라는 나라가 투자처로써 매력이 있는가를 생각해 봐야 한다. 결론부터 말하면 사실 꽤나 매력적이다.

먼저 2023년 기준 멕시코의 평균 연령은 29세다. 비교를 위해 2022년 데이터를 보면, 일본은 48.6세, 독일은 47.8세, 이탈리아는 44.5세, 그리스는 44.5세다. 이렇게 보면 멕시코에 얼마나 많은

그루포 에어로포르투아리오 수레스테(ASR) 실적 예상

결산	매출	영업이익	세전 이익	EPS	1주 배당
19.12	873	440	398	0.95	0.52
20.12	591	153	133	0.31	0.38
21.12	926	426	400	0.98	0.40
22.12	1,259	731	700	1.66	0.75
23.12	1,457	860	825	1.92	1.13
24.12(예정)	1,558	894	946	2.15	1.04
25.12(예정)	1,838	994	991	2.30	1.27

(단위: 백만 달러)

젊은이가 있는지 알 수 있을 것이다. 참고로 미국의 평균 연령은 38.1세로, 선진국 중에서는 드물게 아직 '젊은 나라'라고 부를 수 있다.

일반적으로 평균 연령이 낮은 나라는 경제 성장률이 높아지기 쉽다. 2000년 전후의 중국만 보더라도 알 수 있다. 그 당시 중국은 두 자릿수의 경제 성장률을 장기간 이어갔다.

경제 성장률이 높아지면 중산층이 늘어나고, 소비 활동도 빠르게 퍼져나간다. 이 과정에서 공항 수요 역시 자연스럽게 커질 수밖에 없다. 특히 이 회사가 거점으로 둔 멕시코 남동부지역은 칸쿤, 코즈멜, 메리다 같은 주요 관광 도시가 밀집해 있고, 그곳에 있는 공항을 운영한다.

그중에서도 칸쿤 국제공항은 라틴아메리카에서 가장 붐비는 공항 중 하나로 꼽힌다. 이 공항에서 독점적 위치를 유지하고 있다는 점은, 곧 이 회사의 성장을 뒷받침하는 매력 중 하나라고 봐도 좋을 것이다.

현재 이 회사는 멕시코 국내에서 9개의 공항을 운영·관리하고 있으며, 여기에 더해 카리브해의 미국 자치령인 푸에르토리코와 남미 콜롬비아 등지의 6개 공항 역시 운영·관리하고 있다. 이들 공항의 총 여객 수는 2023년 1년 동안 7,060만 명에 달한다. 일본의 나리타공항이 약 3,381만 명, 간사이공항이 약 2,580만 명이라는 점을 보면, 규모 자체가 이미 일본 주요 공항에 필적하는 수준으로 성장했음을 엿볼 수 있다.

실적의 성장세도 눈에 띈다. 코로나의 여파로 2020년 12월 결산 매출은 5억 9,100만 달러, EPS는 0.31달러까지 떨어졌지만, 2021년 12월 결산과 2022년 12월 결산 매출은 각각 전년 대비 56%, 35% 증가했다. 2023년 12월 결산 때는 15.7%의 성장세에 그쳤지만, 향후 장기간에 걸쳐 여행자 수의 성장이 기대된다.

신타스(CTAS)

NASDAQ에 상장된 미국 기업이라고 하면, 대부분은 매그니피센트 세븐에 속하는 대형 테크 기업을 떠올릴 것이다.

이 매그니피센트 세븐은 알파벳, 애플, 메타 플랫폼스, 아마존닷컴, 마이크로소프트, 테슬라, 엔비디아를 가리킨다.

이런 테크 기업과 비교하면, 상당히 평범한 인상을 주는 기업이 바로 신타스다. 평범해 보이는 이유는 사업 내용에 있다. 어쨌든 근로자 유니폼이나 청소용 대걸레, 매트 등의 임대와 판매가 주력 사업이기 때문이다.

핵심 사업은 근로자 유니폼 임대와 세탁 서비스다. 계약 기업에 유니폼을 대여하고, 사용한 유니폼을 수거해 세탁한 뒤 다시 공급하는 구조다.

그와 함께 기업 로고나 패치를 부착한 오리지널 유니폼도 판매

신타스(CTAS) 실적 예상

결산	매출	영업이익	세전 이익	EPS	1주 배당
20.5	7,085	1,058	876	2.03	0.64
21.5	7,116	1,287	1,110	2.56	1.25
22.5	7,854	1,498	1,235	2.91	0.95
23.5	8,815	1,693	1,348	3.25	1.15
24.5	9,596	1,973	1,571	3.79	1.35
25.5(예정)	10,289	2,194	1,739	4.24	1.51
26.5(예정)	11,026	2,457	1,913	4.71	2.30

(단위: 백만 달러)

한다.

또한 오피스나 공장 등, 기업이 소유한 시설의 위생 관리를 지원하는 시설 관리 서비스도 제공한다. 화장실 청소, 소독, 공기 정화 같은 업무도 포함된다.

얼핏 특징 없는 기업처럼 보이지만, 주가는 전혀 수수하지 않다. 장기 주가로 말하면, 1983년 10월 신타스의 주가는 1.13달러였다. 그런데 2024년 9월 3일에는 801.93달러까지 치솟았다. 40년 동안 무려 700배 이상 상승한 것이다(9월 12일에 주식분할이 있었고, 현재가는 207달러). 엔비디아 같은 기업의 주가 급등도 대단하지만, 40년이라는 오랜 기간 동안 주가가 700배 성장했다는 것은 어마어마한 성과다. 더구나 신타스는 무려 40년 연속으로 배당금을 늘려온 기록도 있어, 그야말로 배당 귀족 종목의 한 축을 이루고 있다.

앞으로의 성장 잠재력도 매우 클 것으로 보고 있다. 현재 신타스의 고객 수는 북미에서 약 100만을 넘었다. 사실 북미 전체의 잠재 고객 기반은 약 1,600만이라는 말도 있어, 현재 고객 수는 그 중 10%에도 미치지 못하는 수준이다.

현재 신타스의 고객 중 약 70%는 의료와 서비스 분야에 집중되어 있고, 나머지 30%는 제조업이나 건설업 관련 고객이다. 고객층이 점차 다양화되면서 경기 변동에도 안정적인 실적을 유지하고 있다.

또한 ESG(환경·사회·지배구조) 측면에서도 신타스는 주목을 받고 있다. 대여 사업 자체가 사회 친화적인 기업으로써 어필할 수 있기 때문에, 그 부분을 더 강화하고 있는 것이다.

구체적으로는 낡은 유니폼을 폐기 처분하지 않고 처음부터 재활용이 가능한 소재로 유니폼을 제작하거나, 혹은 유니폼을 세탁하는 시설에 에너지 효율이 높은 기계를 도입하는 등 ESG 경영에 힘을 쏟고 있다.

실적도 안정적으로 성장하고 있다. 2025년 5월 결산 예상 매출은 102억 8,900만 달러, EPS(주당순이익)은 4.24달러다. 2022년 5월기 이후 매출 성장률은 10%를 넘었고, 2025년 5월기 이후에도 7%대의 성장률이 전망된다.

재무 구조도 또한 매우 건전하다. 자기자본비율은 47%이고,

ROE(자기자본이익률)는 무려 37.61%에 이른다. 이는 일본 기업이 명함도 못 내미는 수준이다. 재무 안정성이 높고, 비록 한 걸음씩이지만 신타스의 사업 수요는 앞으로도 장기간에 걸쳐 꾸준히 높아질 가능성이 크다.

이런 점을 감안하면, 실적의 장기적인 성장성 측면에서 신타스는 장기 투자에 적합한 대표 종목 중 하나라 할 수 있다.

벌칸 머티리얼스(VMC)

벌칸 머티리얼스는 쇄석과 자갈 등 건설용 골재 공급에서 미국 최대 기업이다. 여기서 말하는 '골재'란 콘크리트나 아스팔트 혼합물을 만들 때 쓰이는 핵심 재료로, 대표적으로 자갈과 모래가 있다. 예를 들어, 콘크리트는 시멘트에 골재인 자갈과 물을 섞어 굳히는 방식으로 만든다.

이 산업이 최근 주목받는 가장 큰 이유는 사회 인프라의 노후화 때문이다. 이런 현상은 일본에서도 볼 수 있다. 도로, 다리, 공항, 상·하수도 같은 사회 인프라가 노후화하면, 그것을 보수하거나 교체해야 할 필요가 생긴다.

특히 2021년 11월에는 당시 바이든 대통령이 약 1조 2천억 달러 규모의 인프라 투자 법안에 서명했다. 이 법안에 따르면 2022년부터 8년에 걸쳐 약 5,500억 달러를 투자하여, 고속도로,

벌칸 머티리얼스(VMC) 실적 예상

결산	매출	영업이익	세전 이익	EPS	1주 배당
19.12	4,929	877	757	4.70	1.24
20.12	4,856	895	743	4.68	1.36
21.12	5,552	1,010	873	5.04	1.48
22.12	7,315	951	788	5.11	1.6
23.12	7,781	1,427	1,245	7.00	1.72
24.12 (예정)	7,438	1,439	1,273	7.39	1.77
25.12 (예정)	8,123	1,699	1,555	9.06	1.84

(단위: 백만 달러)

 일반도로, 교량, 도시 대중교통, 여객 철도 등 다양한 인프라가 정비된다.

 이는 미국 국내에서 수십 년 만에 이루어지는 인프라 투자 규모라고 한다. 사회 인프라의 노후화 현상은 두고 볼 수 없기에, 집권 정당이 민주당이든 공화당이든 상관없이 반드시 추진될 수밖에 없는 정책이다. 따라서 앞으로 중장기적으로는 정부 지출을 통해 미국 내 건설 자재 수요가 크게 확대될 것이다. 당연히 건설용 골재 공급에서 미국 최대 규모를 자랑하는 벌칸 머티리얼스가 가장 큰 수혜를 입게 된다.

 또 하나, 미국은 이민 정책이 있어 앞으로도 당분간 인구가 증가할 전망이다. 하지만 최근 보도에 따르면 인구 감소로 전환된다 하더라도 그 기점이 2080년 이후라고 하니, 적어도 현재 자산 운용의 필요성을 느끼는 세대에게는 사실상 큰 의미가 없는 먼 미래 이야기다. 인구가 증가하는 국가는 주택, 상업시설, 도로나 교량 같은 인프라 수요가 꾸준히 늘어나기 때문에 건설 자재 수요가 줄어들 가능성은 낮다.

벌칸 머티리얼스는 ESG(환경·사회·지배구조) 측면에서도 높은 의식을 가지고 있다. 콘크리트는 제조 과정에서 막대한 이산화탄소를 배출하기 때문에, 회사는 제조 공정에서 에너지 효율을 높이기 위해 연구하며 환경에 끼치는 영향을 최소한으로 줄이려는 노력을 지속하고 있다.

또한 전미 각지에 채석장과 생산 시설을 보유함으로써, 지역 경제의 경기 변동에 따른 리스크를 분산하고 있다. 더불어 채굴 설비의 자동화, AI를 활용한 재고 관리 등으로 제조 프로세스를 효율화해 생산성을 꾸준히 끌어올리는 등, 경쟁력 향상에도 여념이 없다.

주주 환원 정책에도 적극적이다. 실제로 1주 배당(EPS)은 2019년 12월기에 1.24달러였는데, 2025년에는 12월기에는 1.84달러까지 늘어날 전망이다.

테슬라(TSLA)

 이 회사 이름을 듣고 '모른다'라고 말할 사람은 거의 없을 것이다. 잘 알다시피, 테슬라는 EV(전기차) 시장을 이끌어가는 리더 같은 존재다. 하지만 단순히 전기차 제조사에 그치지 않고, 일론 머스크 CEO의 비전을 바탕으로 AI, 자율주행, 로봇, 에너지 솔루션 등 다양한 분야로 사업을 확장하고 있다.

 현재 테슬라의 EV 대량 생산 체제의 중심은 '모델 3'이며, 여기에 SUV인 '모델 Y', 그리고 '사이버 트럭' 등의 라인업을 갖추고 있다.

 EV 보급에서 가장 우려되는 점은 충전 시설이다. 이와 관련해 테슬라는 북미, 유럽, 아시아 태평양 지역 주요 루트를 연결하는 슈퍼 차저(초급속 충전소)를 전략적으로 확대하고 있으며, 전 세계에서 이미 5만 9,000기 이상이 가동 중이다.

테슬라(TSLA) 실적 예상

결산	매출	영업이익	세전 이익	EPS	1주 배당
19.12	24,578	-69	-665	0.01	—
20.12	31,536	1,994	1,154	0.75	—
21.12	53,823	6,523	6,343	2.26	—
22.12	81,462	13,632	13,719	4.07	—
23.12	96,773	8,891	9,973	3.12	—
24.12 (예정)	99,273	7,352	8,232	2.39	—
25.12 (예정)	115,649	13,931	12,152	3.21	—

(단위: 백만 달러)

일본 역시 2014년 롯폰기에 첫 슈퍼 차저가 설치된 이후 10년이 지난 현재, 120곳에서 598기가 운영되고 있다. 충전소 부족은 EV 보급의 걸림돌로 자주 지적되지만, 슈퍼 차저 확대에 따라 장거리 주행의 불안은 점차 해소될 전망이다.

또 하나 주목할 점은 2019년부터 보급하기 시작한 '파워월'이라는 축전지 시스템이다.

이것은 가정용 배터리인데, 태양광 발전 시스템과 결합해 재생 가능 에너지의 효율적 활용을 가능하게 한다.

특히 테슬라 같은 EV를 보유한 가정에서는 낮 동안 태양광으로 만든 전기를 파워월에 저장했다가, 차량 주행 후 파워월에 연결해서 줄어든 전력을 충전할 수 있다.

게다가 태양광 발전으로 만든 전기를 충전할 뿐이니, 파워월에 연결해 충전한 것에 대해서는 전기세가 들지 않는다. 물론 태양광 발전과 파워월 시스템 도입에는 초기 비용이 들지만, 장기적으로는 상당한 경제적 이익을 가져다줄 수 있다.

마지막으로 테슬라의 장래성을 따질 때, 단순한 EV 제조사로만 볼 수 없는 이유가 있다. 테슬라는 이미 AI 기업으로 자리매김하고 있으며, 무엇보다도 다른 데서는 볼 수 없는 6백만 대 이상의 주행 데이터를 보유하고 있다. 이 방대한 데이터를 세계 최대급 슈퍼컴퓨터로 분석해, 운전자가 필요 없는 완전 자율주행차를 목표로 하고 있다.

현재 테슬라는 FSD(풀 셀프 드라이빙, 완전 자율주행) 기능을 하드웨어와 소프트웨어 양 측면에서 진화시키려 하고 있다. 목표는 말 그대로 '완전한 자율주행'이다. 이를 가능하게 하려면 방대한 데이터 축적이 필요한데, 테슬라는 이미 보유한 슈퍼컴퓨터를 활용해 이 과제를 풀어가고 있다.

2024년 10월에는 로보택시를 발표했다. 이러한 시도를 통해 완전 자율주행차를 활용한 저비용 택시 사업도 현실적으로 다가오게 되었다.

제조 거점 역시 글로벌하게 확장되고 있다. 테슬라는 '기가팩토리'라는 이름의 생산 거점을 미국(프리몬트, 네바다, 텍사스), 중국(상하이), 유럽(베를린), 남미(멕시코)에 두고 있으며, 일론 머스크는 앞으로 몇 년 사이에 10~12개의 기가팩토리를 추가 건설해 연간 2,000만 대 생산을 목표로 하고 있다.

또한 인력 부족 문제를 해결하기 위해, 기가팩토리에는 휴머노이드 로봇 '옵티머스(Optimus)'를 투입하는 방안도 검토되고 있다.

전 세계 기가팩토리에서 옵티머스가 일하고, FSD 기능을 갖춘 완전 자율주행 EV가 생산되는 모습이다. 게다가 이 공장들은 화석연료 기반 전력 대신, 재생에너지 중심으로 가동된다. 그런 미래가 눈앞에 펼쳐지는 듯하다.

과연 이처럼 압도적으로 진화한 EV 기업 테슬라와 경쟁해, 같은 무대에서 이길 수 있는 기업이 있을까? 적어도 EV 영역에서만큼은, 테슬라가 이미 매우 깊은 '모트(경제적 해자)'를 쌓고 있는 것처럼 보인다.

애플(AAPL)

애플은 일본인 중 모르는 사람이 없는 기업 중 하나다. 원래는 개인용 컴퓨터 매킨토시를 주력 제품으로 내놓으면서 등장했지만, 지금은 단순한 PC 제조사라기보다는 다양한 정보 단말기와 엔터테인먼트 콘텐츠를 통해 거대한 에코시스템을 구축한 기업이라는 이미지가 강할 것이다.

이 에코시스템이 애플의 가장 큰 강점이다. 예를 들어 스마트폰인 아이폰(iPhone)을 사용하다 보면, 더 큰 화면으로 쓰고 싶어 아이패드(iPad)를 구매하고, 웨어러블 환경에서도 활용하고 싶어 애플워치(Apple Watch)를 추가로 구매한다. 이후에는 다시 PC인 매킨토시를 찾게 된다.

또한 모든 데이터는 iCloud에 저장 관리되며, 음악은 애플 뮤직으로 듣고, 영화나 영상은 애플TV로 시청하는 라이프스타일이 일상화되었다.

이렇게 에코시스템이 단단히 구축되어 있기 때문에 일단 애플 제품을 쓰기 시작하면, 여기서 벗어나기가 어렵다. 이런 식으로 애플의 독자적인 정보 단말기는 전 세계에 약 20억 대 이상 보급되었다.

이 에코시스템 덕분에 애플은 막대한 매출과 이익을 거두고 있다. AI 분야에서는 다소 늦었다는 평가를 받았지만, 최근 출시된 아이폰16에는 드디어 생성형 AI인 Apple Intelligence가 탑재되었다. 이로 인해 아이폰 업그레이드 사이클이 최소 2026년까지 이어질 것으로 예상된다. 업그레이드 사이클이란 기존 사용자들이 새 모델로 교체하면서 판매량이 늘어나는 흐름을 의미한다.

아이폰16이 등장하면서 2026년쯤까지는 판매 대수가 늘어날 전망이다.

또한 아이폰에 탑재된 기술력 역시 꾸준히 진화하고 있다. Apple Intelligence는 스마트폰이라는 디바이스 위(온디바이스)에서 가동되는 생성형 AI로, 사용자의 프라이버시가 안전하다는 평가를 받고 있다. 기존의 일반용 AI는 클라우드 서버에 저장된 방대한 데이터를 이용하기 때문에 개인 데이터를 AI 서버에 업로드하는 방식을 지적받았기 때문이다. 하지만 온디바이스 AI는 기기 안에서 처리되기 때문에 AI 서버에 접속하지 않아도 되어 보안 면에서 안전하다.

애플(AAPL) 실적 예상

결산	매출	영업이익	세전 이익	EPS	1주 배당
19.9	260,174	63,930	65,737	2.97	0.75
20.9	274,515	66,288	67,091	3.28	0.795
21.9	365,817	108,949	109,207	5.61	0.85
22.9	394,328	119,437	119,103	6.11	0.9
23.9	383,285	114,301	113,736	6.13	0.94
24.9(예정)	390,220	122,577	122,694	6.20	0.99
25.9(예정)	420,914	133,516	133,092	7.43	1.04

(단위: 백만 달러)

앞으로는 아이폰의 형태 자체도 크게 변할 가능성이 있다. 더 얇아지는 것은 물론, 접을 수 있는 플립형 아이폰이 등장할 수 있다는 전망도 있다.

무엇보다도 애플과 아이폰이 지닌 압도적인 브랜드 파워는, 회사의 가장 큰 무기라고 할 수 있다.

필자가 신흥국을 취재할 때마다 현지인들로부터 '아이폰을 갖고 싶다'는 말을 자주 듣는다. 하지만 새 제품은 가격이 비싸므로, 많은 사람이 중고 아이폰을 구매해 사용한다. 이것이 바로 애플 에코시스템의 강점이다.

중고 아이폰이 신흥국에 널리 퍼져도 애플의 매출에 직접적인 기여는 하지 않는다. 그러나 그 아이폰을 통해 애플 뮤직으로 음악을 듣거나, 게임 앱을 이용하게 되면서 구독료가 발생한다. 이 구독 수익이야말로 애플에 막대한 매출과 이익을 안겨준다.

일반적으로 애플이라고 하면 아이폰이나 아이패드 같은 하드웨어 제품을 먼저 떠올린다. 하지만 실제로는 음악과 영상 콘텐츠 같은 구독 서비스가 가져다주는 높은 이익률을 바탕으로 회사의 또 다른 성장 동력이 되고 있다.

서비스나우(NOW)

이 회사는 DX(디지털 전환)의 핵심 서비스를 제공하는 기업이다. 대표적인 서비스가 바로 나우 플랫폼(Now Platform)이라는 기업용 업무 관리 서비스인데, 이 플랫폼은 기업이 업무를 추진하는 과정에서 필요한 워크플로를 통합적으로 관리하고 자동화해준다.

예를 들어 누군가 이직해서 새로운 회사에 들어왔다고 해보자. 가장 먼저 인사부에서 업무에 필요한 각종 시스템 등록을 하고, 오피스 내에서 자신의 책상을 확인한다. 이후 개인용으로 지급되는 사내 PC를 받아 필요한 소프트웨어를 설치하고, 접근 권한을 부여받는다.

PC뿐만 아니라 회사용 스마트폰을 지급받는 경우에도 비슷한 절차를 반복해야 한다.

만약 이 모든 과정을 매뉴얼에 따라 수작업으로 처리한다면,

서비스나우(NOW) 실적 예상

결산	매출	영업이익	세전 이익	EPS	1주 배당
19.12	3,460	42	67	3.32	—
20.12	4,519	152	149	4.63	—
21.12	5,896	254	249	5.92	—
22.12	7,245	355	399	7.59	—
23.12	8,971	762	1,008	10.78	—
24.12(예정)	10,916	1,300	1,613	13.91	—
25.12(예정)	13,183	1,792	2,058	16.65	—

(단위: 백만 달러)

엄청난 시간과 노력이 소모된다. 이는 새로 입사한 직원뿐 아니라 인사부를 비롯한 회사 측 모두에게 부담이 된다.

이 모든 과정을 수작업으로 처리한다면 업무 효율은 급격히 떨어질 수밖에 없다. 하지만 나우 플랫폼을 도입하면, 신입사원의 상사가 필요한 버튼만 누르면 된다. 그러면 눈 깜짝할 사이에 신입사원의 정보가 부서 간에 자동으로 공유되고, 앞서 설명한 각종 절차도 단번에 완료된다.

기업의 규모가 커질수록 이런 절차는 더욱 복잡해지기 마련이다. 그렇기 때문에 나우 플랫폼을 통해 업무 효율화를 꾀하는 기업은 대기업이 대부분이다.

현재는 포춘 500대 기업의 80%가 고객으로, 금융, 의료, 제조, 석유, 테크놀로지, 교육, 소비재 제조업체 등 다양한 산업에서 활용되고 있다. 심지어 미국 연방정부, 연방 법원, 미 공군과 미 육군 같은 공공기관도 이 플랫폼을 활용하고 있다. 이들 고객이 지불하는 사용료가 회사의 주요 수익원이다.

실적 또한 꾸준히 성장하고 있다. 매출 성장률은 2021년 12월 결산에서 전년 대비 30%, 2023년 12월 결산에서도 전년 대비 20% 증가를 이어가고 있다.

신흥국 주식

주미아 테크놀로지(JMIA)

'아프리카의 아마존'이라는 이름으로 잘 알려진, 아프리카 최대 규모의 e커머스 기업이다.

초창기에는 독일의 로켓인터넷이 대주주였기 때문에, 독일계 기업으로 설명되는 경우도 있었다. 하지만 이미 로켓인터넷이 보유 지분을 전부 매각했으므로 지금은 순수한 아프리카 기업으로 보는 게 맞다. 이 회사의 ADR(미국 예탁증권)이 현재 뉴욕 증권거래소에 상장되어 자유롭게 거래할 수 있다.

2019년 4월 ADR 상장 이후 주가는 극심한 변동을 보여 왔다. 상장가는 18달러였으나, 2020년 3월에는 2.15달러까지 떨어졌고, 2021년 2월에는 69.89달러까지 치솟았다. 2023년 9월에는 다시 2.225달러로 급락했고, 2024년 9월 13일 종가는 4.77달러였다.

이처럼 주가가 널뛰는 이유는, 시장의 기대가 큰 반면 매력과

주미아 테크놀로지(JMIA) 실적 예상

결산	매출	영업이익	세전 이익	EPS	1주 배당
20.12	159	-170	-180	-2.21	—
21.12	167	-221	-207	-2.27	—
22.12	203	-201	-206	-2.36	—
23.12	186	-73	-98	-1.04	—
24.12 (예정)	175	—	—	—	—
25.12 (예정)	258	—	—	—	—

(단위: 백만 달러)

리스크가 공존하는 아프리카 시장 특유의 불확실성과 재무 상황의 불안정성, 투기적 투자자들의 영향 등이 복합적으로 작용하기 때문이다. 이는 인터넷 쇼핑이 아직 대중화되지 않았던 1997년, 상장 초기 아마존 주가가 급등락을 반복했던 상황과 닮아 있다.

그렇지만 이 기업의 성장 잠재력은 매우 크다고 할 수 있다.

주미아의 e커머스 플랫폼은 이미 성장이 제한적인 미국이나 일본과 달리 아직 성장 가능성이 충분히 크다고 할 수 있다. 무엇보다 아프리카 대륙은 '지구상에 남은 마지막 프런티어'라 불리며, 13억 명이 넘는 인구가 살아가고 있다.

2024년 현재, 이 회사가 서비스를 제공하는 아프리카 국가는 11개국이다. 이들 국가에서 패션, 가전제품, 각종 가정용품, 식품, 뷰티 제품 등 다양한 상품을 e커머스를 통해 구매할 수 있다.

또한 소비자가 주문한 상품을 빠르게 배송하기 위해, 자체 물류 서비스인 '주미아 로지스틱스'를 운영한다. 이를 통해 창고 관리와 배송 센터를 직접 운영하고 있다.

또한 은행 인프라가 충분히 발달하지 않은 아프리카에서는 전자결제가 주류다. 주미아 역시 예외 없이 온라인 결제 서비스인 '주미아 페이'를 운영하여, 소비자가 구입한 상품을 빠르고 안전하게 결제할 수 있도록 하고 있다. 나 역시 우간다의 수도 캄팔라에서 주미아 테크놀로지의 사장과 이야기할 기회를 얻었는데, 그때 인상 깊었던 점은 주문한 상품이 다음 날 바로 도착할 수 있도록 물류 인프라를 탄탄히 구축해 두었다는 사실이었다.

장기적으로 보더라도, 아프리카의 e커머스는 성장성이 매우 크다. 아프리카에서는 인터넷 보급률이 빠르게 올라가면서, 이미 전체 인구의 약 40%가 인터넷을 일상적으로 사용하고 있다. 게다가 인구의 약 60%가 25세 미만의 젊은 세대, 그야말로 디지털 네이티브다. 당연히 이 세대가 쇼핑을 한다면, e커머스는 매우 친화력이 높다고 할 수 있을 것이다.

이러한 점들을 고려하면, 아프리카 e커머스 시장의 장래성은 기대가 되고, 이는 곧 주미아 테크놀로지스의 성장 동력이 된다. 다만, 아프리카는 변화를 이루는 데 시간이 오래 걸리는 지역이므로 매우 긴 호흡으로 투자해야 한다. 또한 주가 변동성이 크다는 점을 충분히 이해하고 접근할 필요가 있다.

이튼(ETN)

1911년에 창업된 산업기기 회사로, 현재 100개국 이상에서 사업을 전개하고 있다. 사업 부문은 크게 아메리카 전기 부문, 글로벌 전기 부문, 항공우주 부문, 차량 부문, e-모빌리티 부문으로 나뉜다.

아메리카 전기 부문과 글로벌 전기 부문에서는 전기 부품과 산업용 부품, 배전 및 조립 관련 제품을 다루며, 항공우주 부문에서는 민간 및 군사용 항공우주 연료, 유압이나 공기압 시스템 등을 공급한다. 차량 부문에서는 드라이브 트레인과 파워 트레인을, e-모빌리티 부문에서는 전자 부품의 설계, 제조, 판매, 공급까지 담당하고 있다.

이처럼 다양한 제품과 서비스를 제공하는 회사지만, 앞으로 특히 주목해야 할 부분은 에너지 관리 사업이다.

이튼(ETN) 실적 예상

결산	매출	영업이익	세전 이익	EPS	1주 배당
19.12	21,390	2,827	2,591	5.76	2.84
20.12	17,858	1,895	1,746	4.24	2.92
21.12	19,628	3,040	2,896	6.62	3.04
22.12	20,752	3,055	2,911	7.57	3.24
23.12	23,196	3,978	3,827	9.12	3.44
24.12(예정)	25,119	4,765	4,703	10.74	3.74
25.12(예정)	27,044	5,396	5,316	11.97	4.00

(단위: 백만 달러)

미국에서는 생성형 AI의 등장으로 다양한 AI 서비스가 클라우드를 통해 제공되고 있으며, 이에 필요한 데이터센터가 대량으로 건설되고 있다. 이 데이터센터에는 GPU가 대량으로 사용되는데, 문제는 GPU의 소비 전력이 매우 크다는 점이다. 이 때문에 세계 곳곳에 데이터센터가 늘어나면, 전력 부족으로 공급이 불안정해질 위험이 커진다.

만약 전력 공급이 불안정해지면 데이터센터 운영 자체가 흔들리고, 최악의 경우 데이터 손실로 이어질 수 있다. 이러한 문제를 막기 위해서는 전력 사용 상황에 따라 필요한 전력을 효율적으로 관리하는 시스템이 필요하다. 바로 이 부분에서 이튼이 솔루션을 제공하고 있다.

데이터센터뿐만이 아니다. 앞으로는 EV의 보급 확대, 가정 내

전력 사용 증가, 그리고 미국 내 공장 리쇼어링으로 중국 등 해외에 나갔던 제조업 공장이 미국으로 돌아오는 움직임이 퍼지고 있다. 미국 내 공장 수가 늘어나면 전력 수요는 더 커질 전망이다.

이튼은 이러한 상황에 대응하면서, 여기에 태양광 발전이나 풍력 발전 등 다양한 재생에너지를 통합 관리하는 기술도 보유하고 있다.

실적 역시 견조하다. 매출은 2021년 12월 결산 196억 2,800만 달러에서 2023년 12월 결산에는 231억 9,600만 달러로 회복했고, EPS도 2020년 12월 결산 4.24달러에서 2023년 12월 결산에는 9.12달러까지 증가 기조에 들어섰다. 또한 자사주 매입과 배당 확대에도 적극적인 기업이다.

HDFC은행(HDB)

인도 최대의 민간 은행으로 1995년에 영업을 시작했다. 주요 수익원은 리테일 금융이다.

현재 인도 국내에서만 7,821개의 지점을 운영하고 있으며, 최근 1년 동안 새로 문을 연 지점이 1,479곳에 이른다. 일본에서는 메가뱅크를 포함해 많은 은행이 지점을 줄이고 있는 반면, 인도에서는 정반대 현상이 나타나고 있다. 이는 선진국에서 은행업이 이미 성숙 산업으로 자리 잡은 반면, 인도와 같은 신흥국에서는 성장 산업이라는 사실을 여실히 보여준다.

시가총액 기준으로 보면, HDFC은행은 미국에 상장된 동종 업계 기업 가운데 7위에 올라 있으며, 이미 일본의 미쓰비시 UFJ은행을 앞질렀다. 고객 수만 해도 미쓰비시 UFJ은행의 3,400만 명과 비교해 HDFC은행은 8,500만 명에 달한다. 다만, 예금 잔액

HDFC은행(HDB) 실적 예상

결산	매출	세전 이익	EPS	1주 배당
20.3	11,983	5,389	0.7	0.07
21.3	13,019	5,766	0.78	0.09
22.3	14,645	6,828	0.92	0
23.3	14,645	7,659	1.03	0.24
24.3	30,678	9,252	1.09	0.24
25.3(예정)	─	9,952	1.12	0.25
26.3(예정)	─	11,589	1.31	0.29

(단위: 백만 달러)

은 미쓰비시 UFJ은행이 1조 8,620억 달러인 데 반해 HDFC은행은 2,450억 달러로 약 8분의 1 수준이고, 대출 잔액 또한 미쓰비시 UFJ은행의 9,270억 달러에 비해 2,660억 달러에 머무르고 있다.

예금 잔액이나 대출 잔액으로 보면 아직 미쓰비스 UFJ은행보다 적은 상황이긴 하다. 그러나 빠른 속도로 늘어나고 있는 지점 수와 인도 전역에 걸친 광범위한 지점망 및 ATM 네트워크를 고려하면, 잠재적인 성장 여력은 상당히 크다고 볼 수 있다.

앞서 신흥국에서는 은행이 성장 산업이라고 이야기했다. 이를 입증하는 것이 과거 영업 수익의 성장이다. HDFC은행은 2021년 3월기에 전년 대비 19.5% 성장했고, 2022년 3월기는 약 10%, 2023년 3월기는 17.09%의 성장률을 보였다. 은행 업종에서 이처럼 두 자릿수 성장률을 기록한다는 사실은, 은행업이 인도에서 명실상부한 성장 산업임을 잘 보여준다.

또한 영업수익 대비 순이익 비율도 매우 높다. 2023년 3월기의 경우 43.8%였고, 2024년 3월기는 모기업인 주택금융개발회사와의 합병 영향으로 영업 수익의 성장률에 비해 순이익이 따라가지 못했음에도 33.58%를 기록했다.

이렇게 높은 수익성이 유지되는 배경에는 경쟁 은행보다 높은 순이자 마진(NIM)과 더불어 엄격한 리스크 관리로 불량채권 발생률을 낮게 유지하는 전략이 있다.

더불어 HDFC은행은 기술 혁신도 적극적으로 추진하며 디지털 뱅킹과 모바일 뱅킹 서비스 확대를 통해 고객 편의성을 높이고 있다. 이러한 디지털 전략은 전체 인구의 평균 연령이 낮은 인도에서 젊은 고객층을 끌어들이는 데 강력한 무기가 되고 있다. 안정적인 배당 지급이나 자사주 매입 정책 또한 향후 주가 성장에 대한 기대감을 높이고 있다.

미국 주식

알파벳(GOOGL)

누구나 알고 있는 인터넷 검색엔진 '구글'을 운영하는 기업이다. 하지만 지금은 검색엔진을 넘어 AI, 클라우드, 자율주행에 이르기까지 광범위한 사업을 전개하는 글로벌 테크 기업으로 성장했다.

검색엔진 점유율만 보더라도, 2024년 6월 기준 스마트폰에서 95.2%, PC에서 80.4%를 차지하며 명실상부 세계 1위다.

이 압도적인 점유율을 기반으로 광고 사업에서 막대한 수익을 벌어들이고 있다. 특히 광고의 타게팅 능력은 타의 추종을 불허하는 영역에 있으며, 동시에 디지털 광고 시장이 급성장하고 있기 때문에 구글에 게재되는 광고뿐 아니라 인수 기업인 유튜브를 활용한 동영상 광고도 호조를 보이며 높은 상승효과를 톡톡히 보고 있다. 이미 유튜브는 동영상 광고 플랫폼으로써 굳건한 입지를 다졌으며, 알파벳의 광고 수익에서 또 다른 핵심축으로 자리 잡았다.

알파벳(GOOGL) 실적 예상

결산	매출	영업이익	세전 이익	EPS	1주 배당
19.12	161,857	34,231	39,625	2.33	—
20.12	182,527	41,224	48,082	2.72	—
21.12	257,637	78,714	90,734	5.61	—
22.12	282,836	74,842	71,328	4.56	—
23.12	307,394	84,293	85,717	5.80	—
24.12(예정)	347,371	108,355	112,819	7.65	0.622
25.12(예정)	386,291	123,623	127,246	8.75	0.814

(단위: 백만 달러)

이 광고 수익 덕분에 알파벳은 안정적이고 막강한 재무 기반을 유지하고 있다.

앞으로의 성장을 견인할 분야로는 구글 클라우드가 주목된다. 경쟁자는 아마존 AWS와 마이크로소프트 애저(Azure)인데, 구글은 그들과 경쟁을 펼치면서도 차별화된 시장에서 우위성을 점하고 있다.

그것은 클라우드에 저장된 방대한 데이터를 자사의 AI 플랫폼과 연계해, 기업이 데이터 분석을 통해 사업에 필요한 인사이트를 얻는 데 활용된다는 점이다.

알파벳의 AI 연구 부문인 딥마인드는 현재 언어 처리, 이미지 인식, 자율주행 기술 등에서 혁신적인 연구를 진행하고 있다. 그야말로 이 부문이 알파벳의 R&D를 든든히 받쳐주고 있으며, 여기서 개발 중인 AGI(범용 인공지능) 기술은 실제로 헬스케어, 과학, 공학 등 현실 사회의 문제 해결에도 활용되고 있다. AI 연구하면 ChatGPT를 제공하는 오픈 AI 같은 경쟁 기업도 존재하지만, 알파벳의 딥마인드는 영리를 목적으로 한다.

알파벳의 혁신을 떠받치는 또 다른 축은 'Other Bets(아더 베츠)' 부문이다. 베츠(Bets)라는 말 베팅, 즉 '미래에 걸어보는 투자'를 뜻한다. 당장은 수익화되지 않았지만, 미래에 실용화될 경우 막대한 이익을 낼 수 있는 기술 연구가 이 부문을 통해 이루어지고 있다. 예를 들어, 자율주행 기업 웨이모와 바이오·생명과학 기업 베릴리 등은 모두 아더 베츠에서 분리되어 나온 회사다.

이처럼 '당장은 돈이 안 되지만 미래에는 게임 체인저가 될 수 있는 기술'에 막대한 투자를 할 수 있는 이유는, 알파벳이 막대한 광고 수익으로 풍부한 현금흐름을 갖고 있기 때문이다. 실제로 2024년 6월, 알파벳은 처음으로 배당을 실시했으며, 총 700억 달러 규모의 자사주 매입을 발표했다.

메르카도리브레(MELI)

라틴아메리카 최대의 이커머스 기업으로, 그야말로 '라틴아메리카의 아마존' 같은 존재다. 브라질을 중심으로 아르헨티나, 멕시코를 비롯한 중남미 18개국에서 사업을 전개하고 있다.

라틴아메리카는 원래 인터넷 보급 속도가 세계적으로 다소 늦은 지역이었다. 그러나 글로벌 차원에서 경제의 디지털화가 가속되면서, 인터넷 보급률이 꾸준히 상승하고 있다.

따라서 앞으로 성장 여력이 충분히 기대되는 회사다. 조금 오래된 데이터이긴 하지만, 2023년 4월 기준 이커머스 사이트의 월간 방문자 수를 보면 메르카도 리브레가 약 4억 5,000만 명, 아마존이 약 2억 4,000만 명이었다.

사업 구성을 보면 전체 매출의 약 57%가 이커머스, 나머지는 핀테크에서 발생한다. 대표적으로 전자결제 시스템인 '메르카도 파

메르카도리브레(MELI) 실적 예상

결산	매출	영업이익	세전 이익	EPS	1주 배당
19.12	2,296	-153	-107	-3.71	—
20.12	3,973	127	81	-0.08	—
21.12	7,069	391	240	1.67	—
22.12	10,537	985	780	9.53	—
23.12	14,473	1,774	1,553	19.46	—
24.12 (예정)	20,383	2,781	2,618	37.13	—
25.12 (예정)	25,361	3,789	3,662	49.97	—

(단위: 백만 달러)

고'나 신용카드 발행 등 신판 사업을 담당하는 '메르카도 크레디토'가 있다. 라틴아메리카는 아직도 은행 계좌를 보유하지 못한 개인이 상당수 존재하기 때문에, 메르카도 파고와 같은 전자결제 시스템은 매우 중요한 인프라다.

또한 물류에도 힘을 쏟고 있다. 배송·물류 서비스를 제공하는 '메르카도 엔비오스'를 운영하며, 배송 속도를 높이기 위한 투자를 지속하고 있다.

라틴아메리카는 스마트폰 이용률이나 디지털 결제 보급률이 아직은 미국에 비해 낮고, e커머스 보급도 이제 막 시작된 단계다. 그만큼 업사이드가 매울 클 것으로 예상된다.

특히 라틴아메리카 지역은 앞으로 경제 성장이 기대된다. 그와 함께 중간 소득층이 점점 확대되면 그동안 사지 못했던 것들이나 사용하지 못했던 것들을 사고 사용할 수 있게 된다. 경제가 전체적으로 발전하면, 메르카도리브레 같은 e커머스의 수요는 더욱 커질 것이다.

다만, 신흥국 특유의 투자 리스크도 존재한다는 점은 잊지 말아야 한다. 라틴아메리카 투자의 가장 큰 위험 요소로는 인플레이션을 들 수 있다. 경제가 전반적으로 불안정하고, 통화에 대한 신뢰 역시 상대적으로 낮아, 이 점이 잠재적 투자 리스크로 작용할 수 있다.

아마존닷컴(AMZN)

아마존은 세계 최대의 e커머스 기업이다.

사업의 핵심은 온라인 쇼핑 플랫폼이다. 전 세계에 온라인 쇼핑몰의 편의성을 제공하면서, 클라우드 컴퓨팅과 AI를 활용한 다각적 사업을 전개하고 있다.

온라인 쇼핑의 편리함에 대해서는 굳이 여기서 길게 설명할 필요도 없을 것이다. 압도적인 상품 수, 매끄러운 구매 경험, 빠른 배송 서비스 등 모든 면에서 다른 경쟁사를 멀리 따돌리며 압도적인 점유율을 쥐고 있다.

다만 2023년 기준으로 미국 소매업 전체에서 온라인 쇼핑이 차지하는 비중은 아직 13%에 불과하다. 하지만 2030년까지 이 비중이 30%까지 오를 것이라는 전망이 있다. 따라서 아마존닷컴의 매출은 특별한 전략을 쓰지 않더라도, 시장 성장에 힘입어 자연스럽

아마존닷컴(AMZN) 실적 예상

결산	매출	영업이익	세전 이익	EPS	1주 배당
19.12	280,522	14,541	13,976	1.15	—
20.12	386,064	22,899	24,178	2.09	—
21.12	469,822	24,879	38,151	3.24	—
22.12	513,983	12,248	-5,936	-0.27	—
23.12	574,785	36,852	37,557	2.9	—
24.12(예정)	635,543	62,027	61,361	4.67	—
25.12(예정)	704,294	77,475	78,523	6.03	—

(단위: 백만 달러)

게 상승할 가능성이 크다.

사업 구성을 보면, 온라인 쇼핑 부문이 전체의 40%, 서드파티 셀러 서비스가 24%를 차지한다. 서드파티 셀러 서비스란 아마존이 보유한 온라인 쇼핑 플랫폼을 기업이나 개인 판매자가 이용해 상품을 판매할 수 있도록 제공하는 서비스다. 아마존은 이 과정에서 플랫폼 이용료를 받는다. 덕분에 아마존은 직접 재고를 떠안을 필요가 없고, 자사가 구축한 시스템을 매우 효율적으로 운영할 수 있다.

아마존의 두 번째 핵심 사업은 AWS(Amazon Web Services)로, 전체 매출의 약 16%를 차지한다. AWS는 클라우드 컴퓨팅 서비스로, 매출 비중은 온라인 쇼핑보다 작지만, 수익성이 매우 높은 비즈니스 모델이며 여기서 벌어들인 수익을 온라인 쇼핑 등에 재투자되면서 아마존 전체의 성장을 뒷받침하고 있다.

AWS의 고객은 전 세계의 기업과 정부 기관으로, 서버나 데이터베이스를 제공한다.

세 번째로 큰 축은 광고 사업(8%)이다. 디지털 광고하면 구글이나 메타(구 페이스북)가 유명하지만, 아마존 역시 온라인 쇼핑을 운영하는 기업만의 특성을 살려 광고 서비스를 전개한다.

또 하나의 성장 축은 구독 서비스(7%)다. 아마존 프라임, 오디블, 음악·영상 스트리밍 등 다양한 정기 구독형 콘텐츠를 제공한다. 회원 수는 매년 늘고 있으며, 전 세계에서 2억 명 이상의 회원을 확보하고 있다.

특히 아마존 프라임 회원은 일반 회원보다 구매력이 높고 쓰는 금액이 크다는 특징이 있다. 충성심이 높은 고객은 아마존 쇼핑 매출 증대의 핵심 동력이 되고 있다.

이처럼 아마존은 다각적인 사업 전개를 통해 성장세를 이어가고 있지만, 문제는 사업 규모가 너무 크다 보니 미국 내에서는 이미 독점금지법에 위촉할 리스크도 생기고 있다. 실제 규제 가능성이 투자 시 고려해야 할 주요 변수다. 그러나 그 점을 제외하면, 사실상 사각이 없는 기업이라고 평가해도 될 것 같다.

넥스트에라 에너지(NEE)

넥스트에라 에너지는 플로리다주를 거점으로 하는 미국 대표 재생에너지 기업이다. 사업 구조는 크게 두 가지로 나뉜다.

첫째는 플로리다 파워 앤드 라이트(Florida Power & Light)라는 전력 공급 사업으로, 이 회사는 플로리다주에서 약 590만 건의 고객에게 전력을 공급하고 있다. 플로리다주는 인구가 꾸준히 증가하고 있고, 지역 경제도 안정적으로 성장하는 중이다. 이에 따라 안정적인 전력 공급에 대한 수요 역시 늘어나고 있으며, 이를 통해 안정적인 수익을 확보하고 있다.

일본에 살고 있으면 크게 의식할 일이 없지만, 미국에서는 가끔씩 대규모 정전이 발생한다. 그렇기 때문에 안정적인 전력 공급은 매우 중요한 과제이며, 이를 실현할 수 있는 전력 공급 회사는 시장에서 높은 평가를 받는다. 넥스트에라 에너지 역시 송전·배

넥스트에라 에너지(NEE) 실적 예상

결산	매출	영업이익	세전 이익	EPS	1주 배당
19.12	19,204	5,353	3,836	2.09	1.25
20.12	17,997	3,616	2,413	2.31	1.4
21.12	17,069	2,913	3,175	2.55	1.54
22.12	20,956	4,081	3,832	2.90	1.7
23.12	28,114	10,237	7,288	3.17	1.87
24.12 (예정)	27,476	9,748	7,045	3.42	2.05
25.12 (예정)	29,815	10,956	8,060	3.68	2.25

(단위: 백만 달러)

전 시스템의 현대화와 인프라 투자를 적극적으로 진행하면서, 에너지 효율화에도 힘쓰고 있다. 이 전력 공급 사업이 전체 매출의 약 70%를 차지한다.

또 하나의 핵심축은 넥스트에라 에너지 리소스로, 재생에너지 개발을 담당한다. 이 부문은 전체 매출의 약 30%를 차지하며, 특히 풍력과 태양광 발전에서는 세계 최대급 규모를 자랑한다. 단순히 발전만 하는 것이 아니라, 발전 에너지의 저장과 효율적 관리 기술까지 함께 개발해, 탄소 배출량 감축에도 기여하고 있다.

재생에너지 전환은 전 세계적인 흐름이고, 미국 내에서도 민주당 정권이든 공화당 정권이든 추진해야 하는 국가적 과제다. 따라서 정권 교체 여부와 관계없이 안정적으로 실적이 성장하고 있으며, 10기 연속 배당을 이어가고 있다.

팔란티어 테크놀로지스(PLTR)

팔란티어 테크놀로지스는 소프트웨어 및 IT 서비스 기업으로, 미국 정부 기관을 주요 고객으로 둔 SIer(시스템 통합 기업)이라는 점이 특징이다.

미국의 유명 투자자 피터 틸이 설립했으며, AI를 활용한 강력한 데이터 분석 툴을 제공한다. 데이터는 21세기의 석유라고 불릴 만큼 중요한 자원이다. 데이터를 어떻게 수집하고 분석하느냐는 기업뿐 아니라 국가의 존망을 크게 좌우한다.

팔란티어의 강점은 방대한 데이터를 빠르게 분석해 일정한 통찰을 이끌어 내는 능력에 있다.

기업을 예로 들어보자. 고객 데이터, 사내 인사 데이터, 재무나 실적 데이터 등 다양한 데이터를 갖고 있다. 하지만 이들은 부서마다 서로 다른 형식으로 따로 관리되는 경우가 일반적이다. 무엇보

팔란티어 테크놀로지스(PLTR) 실적 예상

결산	매출	영업이익	세전 이익	EPS	1주 배당
21.12	1,541	-411	-488	-0.27	—
22.12	1,905	-161	-361	0.06	—
23.12	2,225	119	237	0.25	—
24.12 (예정)	2,759	366.89	504	0.36	—
25.12 (예정)	3,337	490.48	666	0.43	—

(단위: 백만 달러)

다 문서, 숫자, 영상, 음성 등 데이터의 형태도 제각각이라, 이를 종합적으로 분석하고 해석하려면 막대한 시간이 필요하고 통찰을 하기도 어렵다.

그러나 팔란티어는 AI 기반 데이터 분석을 통해, 그것을 가능하게 한다. 예를 들어 미국 국방부가 군사 작전을 수행할 때, 사진이나 영상 감시 카메라로부터 수집된 데이터를 하나의 플랫폼으로 통합해, 실시간으로 행동 판단에 활용할 수 있다. 이처럼 정부 관련 매출이 전체의 약 60%를 차지하며, 국방부뿐 아니라 CIA, FBI 같은 정보·수사기관을 중심으로, 국방·테러 대응·사이버 보안 분야에서 폭넓게 활용되고 있다.

주목할 점은, 이러한 국가 안보 및 방위 관련 프로젝트 특성상 계약 기간이 매우 길어서 다른 사업자로 쉽게 교체할 수 없다는 점이다. 정부 관계 기관 입장에서 거래처를 변경하려면 전체 시스템을 다시 손봐야 하는 수고가 따르고, 과거 트랙 레코드의 계속성도 중요해진다. 그 결과, 경기의 영향을 받기 어렵다는 특징이 있다.

전체 매출 가운데 나머지 40%는 민간 기업을 대상으로 한다. 팔란티어는 파운드리라는 플랫폼을 통해 제조업, 에너지, 금융기관 등 다양한 업종의 기업 데이터를 분석해, 비용을 절감하고 데이터 기반 의사결정의 최적화를 지원한다.

현재 팔란티어의 서비스는 미국뿐 아니라 영국 등 해외 국가에도 제공된다.

인튜이티브 서지컬(ISRG)

이 회사는 세계적으로 유명한 수술 보조 로봇 '다빈치'를 개발·판매하고 있다. 다빈치는 주로 심장외과, 비뇨기과, 산부인과 수술에 사용되며, 원격 수술까지 가능하게 한다.

단순히 수술을 보조하는 기계에 그치지 않고, 수술 과정에서 생성되는 데이터를 축적해 외과 의술의 향상과 결과 예측 가능성을 높이는 등, 관련 주변 사업에도 주력하고 있다. 현재 다빈치는 전 세계 71개국에 8,600만 대 이상 설치되어 있다.

흥미로운 점은 수익 구조다. 주력 제품인 다빈치 본체의 신규 판매나 시스템 업그레이드에서 나오는 매출은 전체의 약 22%에 불과하다.

오히려 매출의 대부분은 다빈치의 시스템에 사용되는 소모품이나 각종 기구, 액세서리 교체 수요에서 발생한다. 이 부문이 전

인튜이티브 서지컬(ISRG) 실적 예상

결산	매출	영업이익	세전 이익	EPS	1주 배당
19.12	4,478	1,374	1,502	4.25	—
20.12	4,358	1,049	1,207	3.39	—
21.12	5,710	1,821	1,890	4.96	—
22.12	6,222	1,577	1,606	4.68	—
23.12	7,124	1,766	1,958	5.71	—
24.12(예정)	8,092	2,184	2,546	6.81	—
25.12(예정)	9,380	2,641	2,976	7.79	—

(단위: 백만 달러)

체 매출의 62%를 차지한다. 즉, 다빈치를 한 번 도입하면 병원은 지속적으로 소모품을 구매할 수밖에 없고, 그 덕분에 회사는 안정적인 수익을 확보하는 것이다.

앞으로 전 세계적으로 고령화가 진행될 것으로 예상된다. 이런 상황에서 환자에게 가해지는 부담을 최소화하는 저침습(低侵襲) 수술에 대한 수요는 점점 더 커지고 있으며, 이는 환자의 삶의 질 (QOL) 측면에서도 매우 중요한 요소다. 다빈치는 바로 이 저침습 수술을 위한 로봇이므로, 앞으로 그 필요성은 더욱 높아질 것으로 보인다.

게다가 현재 다빈치를 활용한 수술은 전체의 약 5% 수준에 불과하다. 이는 곧 확대 가능성이 매우 크다는 의미다.

실제로 다빈치는 계속 진화하고 있으며, 원격지에서 수술을 진행할 때도 환자에게 직접 손을 대는 것과 똑같은 감각이 전달되는 시스템으로까지 발전했다.

　미래에는 수술 상황에 따라 '더 진행할지, 멈출지'에 대한 판단을 위한 사인까지 내릴 수 있을 것으로 예상된다. 다시 말해, 뛰어난 외과 의사의 기술을 의사라면 누구나 활용할 수 있는 시대가 다가오고 있다.

　또한 의료 분야 특성상 각종 규제 승인 절차를 거쳐야 하기 때문에, 다른 기업들이 쉽게 시장에 진입하기 어렵다.

　이러한 높은 진입장벽은 인튜이티브 서지컬의 안정적인 수익 확보에 공헌한다.

레이도스 홀딩스(LDOS)

이 회사는 넓은 의미에서 IT 서비스 제공업체로 분류되지만, 매출의 절반 이상인 55%가 방위 솔루션 부문에서 나온다. 사이버 보안, 감시, 첩보 활동, 군사 방위 분야에서 강점을 보이고 있으며, 미국 국방부를 비롯해 전 세계 방위 관련 기관을 주요 고객으로 확보하고 있다.

민간 부문 사업은 교통 시스템과 항공 관제용 시스템을 제공하며, 이 부문이 전체 매출의 21%를 차지한다.

또한 헬스케어 부문에도 강해서, 전체 매출의 16%를 점하고 있다. 특히 퇴역군인국에 대한 전자 의료 기록 및 환자 데이터 관리와 관련된 시스템을 제공한다.

그리고 나머지 8%의 매출은 첨단 솔루션(Advanced Solutions) 부문에서 발생하며, 이 부문에서는 AI와 기계학습을 활용한 각종

레이도스 홀딩스(LDOS) 실적 예상

결산	매출	영업이익	세전 이익	EPS	1주 배당
19.12	11,094	912	866	5.17	1.32
20.12	12,297	998	781	5.83	1.36
21.12	13,737	1,149	967	6.62	1.4
22.12	14,396	1,088	886	6.60	1.44
23.12	15,438	621	403	1.55	1.46
24.12 (예정)	16,297	1,630	1,482	9.07	1.55
25.12 (예정)	17,016	1,705	1,550	9.56	1.62

(단위: 백만 달러)

솔루션을 정부 기관에 제공한다.

특히 최근 들어 각국에서 사이버 공격의 위협이 심각해지고 있는데, 이 회사는 사이버 보안 기술에 강점을 가지고 있어, 실시간으로 위협을 감지하고 대응할 수 있다. 또한 M&A를 적극적으로 추진하여 새로운 기술을 흡수하는 전략도 펼치고 있다.

주목할 만한 프로젝트로는, 미국 공군 연구소와 협력해 마하 5를 초과하는 음속 비행이 가능한 '메이햄'이라는 차세대 극초음속(하이퍼소닉) 시스템을 개발하고 있다는 점이다.

이러한 기업의 주가는 장기적으로 우상향할 가능성이 크지만, 일시적으로 떨어지는 경우가 있기 때문에 한 번에 투자하기보다는 시간을 분산해 나누어 투자하는 전략을 추천한다.

맺음말

마지막까지 읽어주셔서 감사합니다.

이 책을 통해 미국 주식 투자의 매력을 조금이나마 느낄 수 있었을까요?

원고를 최종적으로 체크하고 있는 지금(2024년 10월 후반)도 S&P500은 사상 최고치를 경신하고 있습니다.

해외 주식 투자의 수익에는 환율 변동도 크게 작용합니다. 2020년 말에 1달러가 103엔 수준이던 환율이 지금은 150엔을 넘어섰습니다. 그리고 S&P500 지수의 상승에 더해 달러 강세의 효과까지 더해지면서, 해외 주식에 투자하기에 이상적인 흐름이 되고 있지요.

이런 와중에 곧 미국 대통령 선거가 열립니다. 이 책이 서점에 진열될 무렵이면 이미 결과가 나와 있겠지요. 해리스 부통령이 바이든 행정부의 2기를 이어갈지, 아니면 트럼프 전 대통령이 다시 집권해 4년 전에 못다 한 정책을 더 강력하게 추진할지가 분명해져 있을 겁니다.

투자자라면 누구나 앞으로 4년간 미국을 이끌 대통령 아래에서 주식시장의 향방을 주목하게 됩니다. 하지만 그런 걱정은 사실 필요가 없습니다. 결론부터 말씀드리자면, 누가 대통령이 되더라도 미국 주식은 결국 오를 것이라고 믿습니다.

미국이라는 나라가 완벽하기 때문이냐고 묻는다면, 그런 것은 아닙니다.

저는 16살 고등학생 때 처음 미국을 방문한 이후, 뉴욕의 미국 증권회사에서 일하게 된 기회까지 포함해 약 10년간 북미에서 생활한 적이 있습니다. 일본과 비교해 좋은 점도 있었지만, 미국은 이민의 나라답게 단일 민족과 공통 언어로 이루어진 일본인에게는 이해하기 어려운 복잡한 문제도 안고 있었습니다. 총기를 사용한 범죄율도 높아서, 가끔 미국의 거리를 걸을 때는 도쿄에서 걸을 때보다 더 긴장하게 됩니다.

그런 문제를 안고 있으면서도 미국은 단연 최강의 나라입니다. 전 세계에서 가장 이민 가고 싶어하는 나라가 결국 미국입니다. 사람들이 자유롭게 불평불만을 이야기하지만, 그럼에도 그들에게 미국은 편안함을 주기 때문에 계속 사는 것입니다. 왠지 모르겠지만, 독특한 매력을 가진 나라가 바로 미국입니다.

그런 미국에서 장기적으로 자산을 형성하기 위해 투자하려면, 눈앞의 주가 변동에 흔들리지 말고 큰 그림을 보는 자세가 필요합니다. 제가 마넥스증권에서 미국 주식 관련 세미나를 열면, "이제 미국 주식은 떨어지지 않을까요?", "미국 주식을 이제 사면 너무 늦지 않을까요?"라는 질문을 꼭 받습니다.

이 책에서 이미 충분히 설명드렸으니 길게는 말씀드리지 않겠습니다. 다만 기본적인 생각은 분명합니다. 미국은 앞으로도 장기적으로 인구가 늘어나고 경제 규모도 확대될 전망이라는 것입니다. 미국 기업들은 글로벌 브랜드 파워를 바탕으로 해외에서도 소비와 서비스에서 높은 인기를 누리고 있습니다. 실제로 일본에서도 TV 방송에 미국 기업 스폰서가 거의 빠지지 않지요. 이는 일본만의 현상이 아닙니다.

더 나아가 앞으로 AR, VR, 생성형 AI와 같은 신기술을 발전시켜, 전 세계 사람들의 삶을 더 편리하고 생산적으로 바꿔줄 주체는 대부분 미국 기업이지 않을까요. 그런 미국 기업이 앞으로도 지금의 성장세를 이어갈 큰 흐름은 바뀌지 않을 겁니다. 그런 흐름 속에서 지금까지 이어온 미국 주식의 상승세가 과연 올해로 끝날까요?

물론, 주가가 항상 직선으로 오르는 것은 아닙니다.

S&P500은 긴 역사 속에서 매년 평균 3번 정도 5% 이상의 조정을 겪었고, 10% 이상 하락도 평균 1번가량 있었습니다. 시장도 사람과 비슷해서 언제나 건강한 상태일 수는 없습니다. 사람이 감기에 걸리거나 병을 앓듯이, 경제도 침체나 때때로 팬데믹 같은 충격을 경험할 때가 있습니다. 그러나 미국 주식의 긴 역사를 돌아보면, 그런 국면에서 하락을 두려워해 팔기보다는 용기를 내서 매수

했을 때 오히려 자산 형성에 도움이 되어왔습니다.

   이러한 점을 충분히 이해하고, 장기적인 시각을 잊지 않은 채 자산의 일부만이라도 미국 주식에 투자해 보시길 권해드리고 싶습니다.

미야자키현 니치난시에서
오카모토 헤이하치로

미국 주식 투자

1판 1쇄 발행 2026년 1월 2일

지은이 오카모토 헤이하치로
옮긴이 김소영

발행인 최봉규
발행처 지상사(청홍)
등록번호 제2017-000075호
등록일자 2002년 8월 23일

주소 서울 용산구 효창원로64길 6(효창동) 일진빌딩 2층
우편번호 04317
전화번호 02)3453-6111   **팩시밀리** 02)3452-1440
홈페이지 www.jisangsa.com
이메일 c0583@naver.com

한국어판 출판권 ⓒ 지상사(청홍), 2026
ISBN 978-89-6502-014-1 (03320)

＊ 잘못 만들어진 책은 구입처에서 교환해 드리며,
책값은 뒤표지에 있습니다.